君たちのための自由論

ゲリラ的な学びのすすめ

内田 樹
神戸女学院大学名誉教授
凱風館館長

ウスビ・サコ
京都精華大学教授

787
中公新書ラクレ

目次

編集協力／高松夕佳
写真撮影／中森健作
本文ＤＴＰ／市川真樹子

はじめに――「なんでやねん！」が世界を救う

ウスビ・サコ

「自由」は自分の力で手に入れるもの

君たちは、自由はあらかじめそこにあるものと思っているかもしれません。しかし、自由は自分の力で手に入れるものであり、その過程で「自分は何者か」ということに気づくのです。

私は京都精華大学で学長を務める（２０１８〜21年度）以前から、「自由論」という講義を担当しています。内田樹先生には、毎年ゲスト講師を務めてもらいました。この講義を本書に二つ収めています（3章・4章）。その時感じていた内田先生の最大の魅力は、自由さでした。何のしがらみもなく、好きなことを言い、好きなことを書き、やりたい仕事をやっている先生のあり方こそ、私がめざす教員の姿だと思ったのです。

私と内田先生との掛け合いは素直に聞くか、反発するか、そのどちらかしかありません。ある対談では、「大学教育はもうゲリラ的にやるしかない」と、すっかり意気投合しました（2章）。まあ学長経験者がそれを言っていいのか、というツッコミは置いておくことにしましょう。（笑）

私は任期満了にともない学長を退任し、2022年度から全学研究機構長兼情報館長を務めるほか、一教員として学生たちと接する毎日です。今なおコロナ禍は続いていますし、ロシアによるウクライナ侵攻や安倍晋三元総理の銃撃事件など、時代は不穏さを増しています。そこで、最終章ではこうした時代状況をふまえて、内田先生と「君たちは『不自由な世界』をいかに生くべきか？」というテーマで徹底討論しました。以上が本書の成り立ちとおおまかな構成です。

二つの教育を受けて育つ

本編に入る前に、簡単に私の自己紹介をいたしましょう。私が「マリアン・ジャパニーズ」になった経緯をお伝えしておくことが、本編の理解に役立つと考えるからです。少し長くなりますが、ご容赦を。

私は1966年にアフリカ、マリ共和国の首都バマコで生まれました。我が家は国家公務員の父と専業主婦の母、妹と弟の5人家族でしたが、我が家にはいつも20～30人ほどの人が住んでいました。近い親戚から遠い親戚、親戚の知り合いの知り合いなどというよく知らない人までいたのですが、マリではそう珍しいことではありません。田舎から首都に出てきた人が同じ地方出身の人を頼って訪ねてきて、そのまま何日も逗留したり、一緒に住み始めたりするのです。マリでは子どもは地域の皆で育てるものなので、当然その人たちも我が家の教育に口を出します。私はやんちゃでよく叱られていて、どうやって大人たちの目を盗むかばかり考えていましたね。（笑）

地域での教育は、挨拶や食事の仕方、年長者へのふるまいなど日本でいう躾（しつけ）にあたるものであり、学校での教育とはまったくの別物。マリの学校教育は植民地時代のフランス式を受け継いで、公用語もフランス語です。日本の国語にあたるのがフランス語や哲学（高校から）という感じです。父が学校教育に熱心だったので、私は最初、当時マリで唯一の私立小学校だった男子カトリックスクールに通いました。いわゆるお坊ちゃん校で、学校の友達と地元の友達はまったく違いました。学校では言われた通りきちんと勉強していたものの、放課後や夏休みなど学校がない時は地元の友達と遊んでばかりで、成績は上がったり下がったり。父が私を叱っても、一緒に住んでいるおばあちゃん、おばさんたちは、「先生が悪い」と私を守ってくれます。また、家に住む大人たちの中には勉強などしなくてもいいという人もいる。そこで父は、「これではダメだ。もっと厳しい環境で勉強させよう」と考え、小学4年の時、学校の先生をしていた田舎の親戚の家に私を預けました。

田舎で勉強漬けの生活

親戚の家は大変厳しく、毎日夜11時まで勉強漬け。4~5キロも離れた学校まで歩いて通って疲れているのに、少しでも寝るとベルトで血が出るほど打たれるのです。電気も水道もなく、井戸での水くみも私の仕事でしたし、おまけにご飯がものすごくまずい。おかげで成績はみるみるうちに上がりましたが、地獄のような日々が6年間、中学3年まで続きました。

マリも日本と同様、小学校6年、中学校3年、高校3年、そして大学、というシステムですが、日本と大きく違うのは、成績が悪いと落第してしまう留年制度が小学1年からあることです。小中学校の卒業時にも全国統一試験があり、3回落ちるともう進学はできません。学費は大学まで無料ですが、途中で落第する人も多く、識字率は30％ほどです。小中学校は地域の学校に通うのが普通ですが、高校は成績によって進学先が決まります。当然、成績が良ければ名門校に入学でき、その学校は首都バマコにあります。私はこのチャンスを逃さず、リセ・テクニックという技術者を育てるための理数系特別校に入学しました。ちなみに、文理は自分で選べません。中学までの成績で、文系ができれば文系、理系ができれば理系の高校へ割り振られます。

マリにないものを学びたい

晴れて都会へ戻り、地元の友達が皆おしゃれでかっこよくなっていることに衝撃を受け、追いつこうと一緒に遊んでばかりいました。すると最初の成績はクラスで下から数えたほうが早いという散々な結果に……。即座に我が家で親戚会議が開かれ、普通校に転校させろ、などという意見まで飛び出しましたが、また転校させられてはたまりません。なんとか成績を上げるには、と考え出した方法が学校の友達と自主的な勉強会を開くことでした。放課後は教室、週末は私の家に集まって、宿題をしたり試験の過去問題を解いたりしました。お互いに支え合っての勉強がとても効果的で、成績も順調に回復しました。

高校3年になるとバカロレアという高校卒業兼大学入学資格試験があり、成績優秀者は国から奨学金をもらって留学できます。必ず通るとは限りませんが、専門分野もある程度希望できます。私は国外で学ぶなら建築だろうという単純な理由で希望を出しました。マリには建築を本格的に学べる環境がなかったので、設計やデザインがなんだかかっこよく見えたんです（笑）。バカロレアで優秀な成績を取れたので、ヨーロッパやアフリカの有名な建築大学に行けるだろうと思っていたのですが、割り振られた留学先はなんと中国。正直、アジアはまったくの想定外でした。

価値観を変えた中国留学、そして日本

戸惑いながらの留学でしたが、中国での待遇はとても良く、また世界中から何百人も留学生が集まっており、世界の広さを実感でき、価値観が大きく変わりました。例えば、マリはフランス語圏なので「英語なんて」という雰囲気があり、私も実は英語が苦手だったのですが、どの国の留学生に話しかけても英語が返ってきて、これほど世界共通の言語なのかと驚きましたね。

中国では現地調査に警察の許可が必要で、調査先も指定されます。ただ理論や技法を学ぶだけではなく、もっと自由に現地調査に基づいた研究がしたいと思っていたところ、日本での研究の話を聞き、旅行して興味を持ち始めていたこともあって、日本への留学を決めました。

半年間日本語を勉強して、京都大学の大学院で、建築計画学、中でも空間と人間との関わりをテーマに研究を続けました。この頃、阪急電車でよく聞いた「〇〇やんか」という表現がわからなくて、日本語学校の先生に聞くと、「気にするな」と。学校では教えてくれないのです。日本語は、頭で考えるより身体で覚えていくしかありませんでした。

博士号を取った頃、京都精華大学の公募へ応募して、専任講師に。先述したように2018~22年度には学長を務めました。この間、私生活では日本人の妻と二人の子の父となった今、これまでの経験をもとにグローバルな貢献をすべく努めています。

「なんでやねん!」の精神を伝えたい

こうして「マリアン・ジャパニーズ」になった私が本書でお伝えしたいのは、「なんでやねん！」の精神です。つまり、君たちにはぜひ自ら問いを立てられるような人になってほしいのです。

日本でもマリでも学校教育は答えを出すような勉強が中心で、それ自体を悪いとは思っていません。しかし、マリでは学校とは異なる教育を地域や家庭で受けて育ちます。使用する言語も違い、二重人格のように育つので、学校の枠に合わせる自分とそうではない自分がいます。だからひとつのことがダメでも、次はこうしてみよう、と考えることができます。

私が京大で学び始めた当初、日本には「おない」という文化があることに気づいて違和感を覚えました。「おない」とはつまり、同い年、同期、タメという意味です。皆同じ枠の中にいないといけない、少し外れるだけで駄目だという意識が強すぎると感じます。だから自分で考えず、誰かに正しい答えを出してもらいたがります。ですが、正しい答えに従うだけならロボットのほうがずっと正確で速い。これからの社会で活躍するためには、問いを立てられる力、課題に直面した時に本質を問う力が必要なのです。

「問い」が立てられて、その原点に立ち戻る。

実際に今、新型コロナウイルスの流行で社会は大きな課題に直面しています。例えば、

GoToキャンペーンなど、始まったかと思えば停止されて、もはや何が正しいかわかりませんよね。そこで、答えを出してもらうのを待つのではなく、なぜ始まって、なぜ停止されたのか、自分で調べたり、いろんな人の意見を聞いたりして、どうするのがいいのか考えてみてください。

一人ひとりが考えて行動することで、世界は良い方向に変わっていくでしょう。何事にも「なんでやねん！」と考える精神こそが大事なのです。

本書は、君たちのための「自由論」です。これからの時代を担う一人ひとりにどんな学びが必要か、大学教育はどうあるべきか――私たち二人に加え、1章では京都精華大学国際文化学部長（当時）の稲賀繁美先生、2章ではジャーナリストの小林哲夫さんを迎え、一緒に考えました。

本書を読んだ君たちの中から、「なんでやねん！」と社会を動かしてくれる人が出てきたら、これほどうれしいことはありません。

君たちのための自由論

ゲリラ的な学びのすすめ

ウスビ・サコ

内田樹

1章——「だらだらする」ということ

ゲスト・稲賀繁美（いなが・しげみ）

1957年東京都生まれ、広島県育ち。東京大学教養学部フランス科卒。同大学大学院比較文学比較文化専攻。フランス政府給費留学生・パリ第7大学博士号。三重大学助教授を経て、国際日本文化研究センター副所長、総合研究大学院大学教授・研究科長。2021年より京都精華大学国際文化学部勤務。

サコ　京都精華大学は2021年度より国際文化学部を新設し、人文学科とグローバルスタディーズ学科という二つの学科を設けました。人文学科の研究対象は、文学、歴史、社会、さらに日本文化です。グローバルスタディーズ学科では、グローバルとは何かという問いを掲げ、特にアフリカ、アジアを扱いながら、国際関係というよりは「グローバル関係」、そして共生社会について研究します。現代という時代を象徴する学科といえます。

日本では、人文学もグローバルも、正しく整理されていないと感じています。数年前には、政府を含め、文系学部不要論が巻き起こったほどです。国際文化学部を創設したのは、その中であえて人文学を発展させる挑戦です。これには大きな意味があると考えています。芸術系学部を中心に据える我々は、人文学の必要性を重く捉えています。思想がなければ芸術はできません。人文学を扱う国際文化学部は、本学の中心になると言ってもいいでしょう。

まずお二人には、現在のコロナ禍における人文知の役割についてお話しいただければと思います。

目立たず、シンプルに、深掘りしたい若者たち

内田　僕は本学の客員教授を２０１５年度から務めています。当時の竹宮惠子学長と対談本を出した際にキャンパスを案内していただいてお話を伺い、「すばらしい教育理念ですね」と感想を言ったら、しばらくして人文学部長だったサコ先生が神戸まで来て、「だったら、教えに来なさい」と引っ張られました。（笑）

サコ先生の講義「自由論」にお招きいただいて毎回その時、気になるトピックを語っ

てきました。でも、ここ数年、学生たちのリアクションがだんだん弱くなっているような気がします。なんとなく、しだいに無表情になり、感情の分節が弱く、単純になっているように見える。ですから、今の学生たちに必要なのは「感情教育」なんじゃないかと僕は思います。

感情というものは、誰でも生得的に、同じようなセットを揃えているように思われていますが、違います。感情は学習するものです。学習して、広げ、深めて、多様化するものです。微細な感情を表現して、伝達できるためには、語彙も、表情も、声質も、体の使い方も複雑なものにしていく必要がある。でも、そのための教育が特に中等教育では致命的に欠如しているように思えます。

人文学のめざす目標のひとつは「より複雑な人間になること」ではないかと僕は思っています。ひとつの事象をながめる時に、複数の視点に立つことができる力を養う。複数の文脈のうちに置いて、別の側面を見ることができる「複雑な人」になることを目標に掲げてよいと思います。でも、そういう言葉づかいで人文学の意義を語る人って、あまりいません。

最近よく聞く言葉に「深掘り」というのがあります。僕はこの言葉をジャーナリストや学者の口から聞くたびに、微妙な違和感を抱きます。もともと日本語にそんな言葉はないのに、最近みんな実によく口にする。たぶん、それがとても上質な知的作業だという思いがするからでしょう。ひとつの論件の本質は地中深くに埋められていて、石油や温泉をボーリングするように、「ここ」と掘るところを決めて、そこに垂直にドリルを立てていけば、やがて本質的な情報や知見を掘り出すことができる……そういうイメージを僕はこの言葉から感じるのです。もちろん、「ここ一点」を決めて、そこに垂直に掘り下げることも必要ですけれども、それだけでは足りない。

かつては「複眼的」という言葉がよく使われました。「学際的」というのもよく目にしました。ひとつの問題を多面的に捉え、複数の立場から立体視していくことが特に高等教育ではつよく推奨されていた。でも、いつの間にか「複眼的」や「学際的」といった言葉は大学のパンフレットから消えた。その代わりに、なるべく早くに専門を決定して、その専門分野について限定的だけれど深い知識や技能を身につけていくことが大学教育での優先課題になった。それは「オタク」文化への高い評価についても感じます。きわめて狭い分野について異常なほどトリヴィアルな情報を持っている人間に今の若い人たちはどうも素朴な敬意を感じているらしい。だから、そういう「狭くて深い知」を自分も身につけなければならないと思っている。そういう価値観の変化と学生たちの無表情の間には何か因果関係があるような気がします。

僕としては、彼らにもっと複雑な人間になってほしいんです。こちらの投げかけに対して、学生が100人いれば100通りのリアクションがあってもいいはずなのに、みんな隣の人を見て、調整し合って、マジョリティの中に紛れ込み、とにかく目立たないようにしている。

知人の大学の先生から聞いた話なのですが、冬に1限の授業に行ったら教室が真っ暗だった。誰もいないのかと思えば、学生はちゃんといた。部屋の電灯を点けて、「スイッチはここですよ」と教えた。翌週教室に行くとまた真っ暗な部屋に学生が黙って待っていた。誰も電灯を点けないんです。目立ちたくないから。一人立ち上がってスイッチを点けるのが嫌なんです。他の学生が暗い教室で黙っているのに、自分一人が余計なことをして、環境を変化させると、「浮いて」しまう。それを避けようという無意識の抑制がかかっている。

日本の子どもたちは今、学校教育の中で、マジョリティの中に紛れ込み、「みんなと同じ表情」をすることで、身の安全を図ろうとしている。そうやって、豊かな表情や多様な視点を捨てている。そのことに僕は危機感を覚えました。

サコ 早くも詳しくお聞きしたいトピックがたくさん出てきました、稲賀先生はいかがでしょうか。

稲賀 冒頭から内田先生が本領を発揮され、すでに反応したいことがたくさんありますが、まずはごくかいつまんで自己紹介を。

私は30年ほど前、バブル末期の頃に三重大学人文学部で教えていました。「人文」を看板に掲げて船出したばかりの学部で、地域研究の観点から学部や教室の枠を外すというおもしろい試みを行っていました。地域研究、人類学、文学、美術の人が一緒にやろうという理念だったのです。私はフランスが専門でしたが、「ヨーロッパ・地中海コース」という括りでイギリスやドイツ、イタリアを扱い、マグレブからサハラ以南にも目配りしながら、イタリア語も教えていました。「アジア・オセアニアコース」では、中国だけでなく華僑圏について研究・教育をしている専門家、アメリカなら北米・中米・南米の専門家がいる。非常に「学際的」な学部で、できた時はうれしかったのですが、しばらく経って設立時の教員たちが引退すると、やはり英語の先生たちは英文でかたまり、地中海は専門家がいないので、私が退官した後しばらくすると、看板を降ろそうという状況になってしまった。その前の在任中は「大綱化」の改革期でしたので、大学内の改革にも少し携わりました。

当時はまだ若かったので多少無茶もできまして、医学部の先生と一緒にセミナーを手がけたり、共通授業を行ってその後個々のセミナーに導くといった実験もしました。

そうした経験があるので、国際文化学部の責任者として呼んでいただいた際の面接でも、明らかに通らなそうな夢を偉そうに語ったのですが（笑）、当時のサコ学長に「じゃあ、お前をとる」と言われて、本当に着任してしまいました。そういうわけで、学部教職につくのは四半世紀ぶりですが、日本の常識に囚われない教育をしたいと夢見ております。

内田先生がおっしゃったように、日本人はやはり周囲から目立ちたくないというのが強いですね。その傾向は中学生ぐらいから出てきて、高校生になると、目立つ生徒さんはみんなの進路の邪魔になるというので、排除されてしまう。私はヨーロッパに滞在経験があるのですが、フランスではまるで逆です。隣の人と同じことをやっても絶対ダメ。作文教育が中心ですから、とにかく隣といかに違うかを採点者にわかるように書かなくてはならない。教育理念の出発点からして違っている。

先ほど、「複雑」というお話も出ましたが、理科系の方たちの言葉に「複雑系」というのがあります。我々は3次元まではなんとか認識できます。3D映画が楽しいのは、自分にコントロールできない世界が目の前に広がるからですし、車の運転というのも人間の認識能力としてはギリギリのところを行っているわけです。そこからさらに座標軸が増え、時間軸が加速されると、ほぼ制御不能になってしまう。そこをやっているのが「複雑系」なのですが、一方で人生とはもともと複雑系なのだとも思います。

それをとことん単純化した「座標軸の削減」が自然科学を成功に導いたわけですが、そのパラダイムがすでに行き止まりまで来てしまっている。人間を月へ連れていくことまではなんとかできたけれど、火星まで行ってどうするのか、それならロボットを派遣すればいいのではないかという議論も出てくる。科学技術の発展が人類の、いやこの地球上のあらゆる生命体にとっていいことなのかどうか、真剣に考えなくてはいけない時期に来ていると思います。

新型コロナウイルスが我々に教えてくれているのは、そうした現実なのではないでしょうか。ウイルスを撲滅して「なかったことにする」のではなく、むしろウイルスが教えてくれていることに目を向け、考えていく。それも人文学の重要な役割だと思います。

格付けに怯える若者への「一喝」という教育

サコ　スタートからレベルが高すぎて司会が困るような状況です（笑）。今お二人が指摘されたいくつかは、私も内田先生と「自由論」の授業を続けながら若者たちを観察する中で、感じてきたことでもあります。

私が来日した１９９０年代初頭は、日本は協調性のある社会だと言われていました。でも、私が見てきた限り、日本における協調性は「あきらめ」に近いと思います。人とぶつかりたくない、自分のことを言って目立ちたくないという空気を協調性と呼んでいる。

学生によくあるのは、みんなで何かをしようと話し合っている時は意見が出ないのに、解散すると、必ず2、３人が戻ってきて、「あれはちょっと違うんだよな」と言い合うというパターンです。それならなぜさっき言わなかったの、と聞くと、「空気を読んだんだ」と。「空気」って一体何なんだろうと。そういうことに始まり、本当にいろいろと若者からは吸収しました。

その後、『「これからの世界」を生きる君に伝えたいこと』という本を出版したところ、学生から結構反応が届いたんです。こちらが語ることによって反応してくれるんだ、これは出版してよかったなと思いました。彼らに対しては、段階を踏んであげる必要があるのではないでしょうか。かつてのようにゼミで最初から活発にしゃべることが期待できない限り、徐々に慣らしていく必要がある。だとしたら、大学もカリキュラムを変えていかなきゃいけない。そこで京都精華大学では教育改革として、共通の教育、旧教養系の課程を復活させました。実は2021年に始まったカリキュラムでは卒業単位全体の半分近くが「共通教育」なんですよ。

学生たちは、「専門性」とか学問を専門的に研究する、ということの意味自体を把握していないのではないかと思います。なぜ自分が大学生になっているのか、大学で何をしたいのか、自分には人間として何ができるのか、どう成長していきたいのかも漠然としている。彼らには自分と向き合うチャンスを与えなくてはいけない。そうした中で、「教養」は重要な役割を果たすのではないかと感じています。

お二人はフランスやヨーロッパなど、いくつもの社会を見た上で日本社会を相対化して眺め、おかしいところに気づかれています。そうした観点から今、若者たちにどんなことが期待できるのか、お聞かせいただけますか。

内田　サコ先生のご本は、大変おもしろかったです。ときどき「なんやねん」と怒り出すでしょう。あんなふうに「なんで日本人はもっとリラックスしないんだ、もっとだらだらしないんだ！」と怒っている人、初めて見ましたよ。「だらだらするな！」と怒る人はいても、「だらだらが足りない！」と怒っているのですから。でも、本当にそうだよな、と思いました。

学校の勉強で子どもたちは楽しむわけでもないし、ラディカルにものを考えるわけでもないし、複眼的になるわけでもない。ただみんなが同じフィールドに並んでテストを受け、点数化、格付けされるがままになっている。それと同じことが映画やコスプレなどの小さなサブカルチャー分野においても起きている。ただ楽しむのではなく、知識や技術を身につけ他人と競争し、上位者が下位者に対して威張るんですね。

サッカーのワールドカップが日本で行われた時だったか、「にわか」という言葉が出てきましたよね。それまでサッカーに興味のなかった人が、突然テレビでサッカーに夢中になって、あの選手がどうだとか言い出す。そういう人々を古参のファンは、最近ファンになったばかりの奴という小バカにしたニュアンスで「にわか」と呼ぶわけです。そして、「お前らにはサッカーを語る権利はない」と。古参のファンはニューカマーに対して意地が悪いんです。

　これはおかしいと思う。新しいファンが入ってきたんですから。「私たちの楽しい世界にようこそ。一緒に盛り上がろう」と歓迎し、「こうやって見るともっと楽しめるよ」と見方を教えてあげればいいのに、「こっちは20年も前から応援しているんだ。昨日今日見始めた人間がサッカーを語るな」と押さえ込みにかかる。

　そういう言い方がまるで批評性のある言葉のように、社会のあらゆる分野で口にされる。この分野に昨日今日参入した人間は何も言わずに、おとなしくしていろ、と。そんな禁圧が職場や学校だけでなく趣味の世界にまで蔓延している。

　だからサコ先生の「君たちはいつ楽しむんだ、いつだらだらするんだ！」という視点は眼から鱗でした。あの人たちって、息苦しいな、気持ち悪いなとは思っていたけれど、この気持ち悪さは不自然さから来ているんだと教えてもらった。だとしたら、日本社会はすでにかなりおかしくなっている。だからサコ先生の本を読んで以来、ことあるごとに「とりあえずみんなもうちょっと、だらっとしない？」と伝えているんです。

　日本人は過緊張ですよね。緊張していて、怯（おび）えていて、キョロキョロしている。常に格付けや査定に備えて、低いスコアをつけられて排除されるリスクに怯えている。これは中高生から大人に至るまで全世代に当てはまります。サコ先生の「君らは何をやっているんだ?」という一喝は本当にラディカルな言葉だと思います。一喝するだけでいいと思うんですよ。「君らの見ている世界は狭すぎる、世界はもっともっと広いんだ」と教えてあげるだけで、日本の若者はずいぶん救われるのではないかと思うんです。

サコ　ありがとうございます。その定義に合わせているし、向かっている。物事にはあらかじめ定義がある、とみんな想定しているんですよね。その定義に合わせているし、向かっている。例えば「エリートとはこんな人だ」と答えが用意されていて、エリートになるためにはその条件を満たさなくてはならない、と誰もが思っている。

そしてこれは組織的に行われるのです。ある組織のリーダーシップ研修に呼ばれた時、そう感じました。先方は私が学長だからリーダーシップについて語るには適任だと思ったのでしょうけれど、まあ間違いでしたよね(笑)。その後で私が伝えたのは自分がいかに遊んできて、楽しくやってきたかということ。リーダーにはコミュニケーション能力が必要だし、良い悪いの判断もできなくてはならない。そういうことを経験していない人がいきなりなれるものではありません。

さて、話を先ほどの稲賀先生のご発言に戻します。コロナウイルスが教えてくれていることに目を向けよう、というお話をしてくださいました。この世の中をこれから私たちはどうしていけばいいんでしょうか。

協調性が「深掘り」されていない日本

稲賀　ＷＷＷのウェブ上には「コンピュータ・ウイルス」が蔓延しています。ちょっと考えてみると新型コロナウイルスは我々に、「あなたたち人間が仮想現実界とかでやっているのは、現実にはこれなんですよ」と示してくれているのではないか、というのが、先ほど申し上げたかったことです。撲滅できない感染を地球の表層にはびこらせたのは、ほかでもない、人類の文明だったはず、ですね。それなのに、今人類は、そんな貴重な教訓を予行演習してくれている病原体をひたすら悪者扱いして、善悪二元論の正面衝突に至っている。そこで教育問題に戻りましょう。

先ほどサコさんは、日本人には人とぶつからないようにするという行動パターンがあると指摘されましたが、これには裏側もあると思います。

日本と北米を行ったり来たりしている漫画批評家のスーザン・ネイピアさんとお話しした時、日本に来て何が楽しいかというと、銀座の大通りで人とぶつからずにスルスル抜けていけることだ、と言っていました。これはニューヨークなどでは絶対にできない。欧米社会では経験できない空間認識のようなものが、日本社会にはあるのだ、と。そんな、人々の往来の中を縫っていける勘のような感覚は、日本人の長所かもしれません。

その一方で、教育の現場ではみんなが互いの顔色を窺っていて、模範解答に従いたがる傾向がある。例えば北京では、自分の学問をとことん「深掘り」する人もいれば、政治意識が強く、活発に発言する人もいて、分野によって異なる色彩があった。でも日本で教育を受けてきた学生諸君に、それだけの幅を見ることは滅多にありません。そう考えると、日本が協調社会だと言っても、協調性の意味の「深掘り」はなされておらず、実際にはただ周囲の様子を窺っているだけの孤独な人たちの集まりなのではないかという気がしてきます。

サコ先生から「共通教育」という言葉も出ました。30年ほど前の学校改革の際、一般教育課程、いわゆる「パンキョー」は無くして、各大学で教える内容を決めてください、と文部省（当時）は言ったのですが、結局どこの大学もつけた名前は「共通教育」だった。私も三重大学在任中、学部の先生たちといろいろと考えて、学部共通で受けられるのだから「共通教育」だ、と命名したつもりでしたが、蓋を開けてみれば全国共通の呼び名になっていたのです。

当時は、学部同士が対立せず一緒にやりましょうという雰囲気だったのですが、今思えば、あの「教養」にしても、ある意味ではみんなで「共有」することだったわけです。異なる専門分野の人にも自分の意見を伝える、そのための基礎的訓練が「教養」だと思います。それこそが、昨今の「深掘り」一本の教育においては疎かにされてしまっている。さらにこの20年間で、「深掘り」が推奨された自然科学分野でも日本はどんどん脱落している。その一因に、違う領域の人と話す「共通」言語が失われたこともあるのではないでしょうか。これは、古参の人がにわかの人をいじめるというご指摘とも関連すると思います。

自分の常識が通用しない人が世間にはたくさんいる、でも、だからおもしろいじゃないか、と感じられるような、「共有」していく教養を全学横断で学べる授業が必要です。授業の後、セミナーに移る仕組みをつくるわけですが、これは上級生が下級生に威張るような日本特有の専門意識を壊す場にしたい。上級生は先生と新入生との橋渡し役を務めながら、自分の能力を伸ばしていける、そうしたつながりを持てる場にしたいと考えています。

戦前の日本の旧制高校では、（良いところばかりではないにせよ）そうした縦のつながりがあったのですが、今は同学年でひとつの価値観のもとでの競争に陥っているので、他学年とのつながりがきわめて疎かになっている。ようやく文部科学省もなんとかしなくちゃと言い始めましたが、私も含めて現場の先生たちの側もこの30年間、タテ・ヨコをつなぐようなことはしないい癖をつけられてしまっています。子どもや学生もそれを真似して、「新参者にはわからない、お前らはダメだ」と威張ることが偉い人のふるまいだと思い込んでいる。

大学は学生たちに「親切」にせよ！

内田　人に教えるのって、教える側にとってもすごくよい勉強になるんですよね。自分が習得した知識や情報の「入力」は自分の言葉で「出力」することによって初めて身につくものだし、教える過程で自分固有のメソッドも出来上がってくる。だから、「教えてやってる」というよりは「教える機会をいただいている」と考えるべきだと僕は思います。「アカデミックな訓練」というと、ふつうの人は徒弟修業のような理不尽でつらいものを想像するかもしれませんけれども、本当に良質な弟子を育てようと思うなら、教える側は「親切」を心がけるべきです。

日本のアカデミアでは、「親切」という美徳が非常に軽んじられています。日本の大学院ではひたすら院生たちにストレスをかけて、それに耐えられない者を脱落させて、ストレステストに生き残った人間だけで学問をやろうとする。でも、これは日本全体の知的パフォーマンスを見たら、実にもったいないやり方です。非常に優秀でも、メンタルがあまり強くない子たちがどんどん脱落しちゃうのですから。磨けば光るはずのたくさんの宝石を原石のうちに捨てているようなものです。だから大学教育の方針としては、「正直」「親切」、そして「愉快」というのがすごく大事だと思いますね。

稲賀 今、日本で「優しくする」とか「親切」というと、誤解が生じやすいですよね。サコ流に「何やってんの?」とピシッと怒ることも、実は優しさであることが見逃されてしまう。「親切」というのも、なかなか難しい言葉です。

専門家にとって最も難しいのは、専門外の人にわかる言葉で話すことです。自然科学系の先生たちはそれができなくて困っているし、日本のジャーナリズムでもそこがすごく遅れている。英語の論文は、初心者が初めて読んでもわかるような文章で書かれていることが最低条件ですが、日本の論文の場合は、〝通〟にしかわからないような文章で書かないと怒られる。高校生の頃からとにかく難しい言葉を教科書で丸暗記させ、それらを使えている人が偉いという価値観を植え付けた結果でしょう。でもこれは日本独自の論文作法であって、他のアジア諸国では通用しませんよね。

サコ　通用しませんね。

稲賀　ひたすら自ら外に通用しない象牙の塔を高く積み上げようとしている。これは自己満足です。ふるいにかけるというのは、ある大きさのものを選別する、つまり均質化することですよね。そこで拾われた人は、どこに入れても使える汎用性のある人です。日本の近代化というのはそういう部品のような人間、ジェネラリストをつくることに他ならなかったわけです。でもふるいで振り落とされてしまうものが必ずあって、京都精華大学は、そうした型にはまったふるい分けから外れた、おもしろい若者たちを集めている大学なのではないか、そこがいいところだと思っているのですが。

サコ　私も最近「フレーム化」とか「テンプレ」という言葉を使うことが多いのですが、日本社会はひとつのテンプレートに合わせたモジュール型の人間をつくろうとしていますね。普通、社会というのは家庭には家庭のフレーム、地域には地域のフレームがあり、全体としてはマルチフレームになっています。それが日本ではどこに行っても同じテンプレート、フレームが使われていて、大学入試にしても就職活動にしても、すべて同じフレームに合わせて動いている。

先ほど内田先生が日本人は怯えているとおっしゃいましたが、それはまさに、すべてを社会が決めているからですよね。自分たちに選択権がないのです。大きなスケールの社会はもちろん、小さな単位である家族までが「君、そろそろ就職活動の時期じゃないの？」と迫ってくる。だからみんな「時期が来たら就職しなくちゃ」と思ってしまう。まるで洗脳されているかのようです。こんなに若者を洗脳して、同じような部品人間ばかりつくり、それらを組み立てる人がほとんどいないというのは、どういう社会なのかと問いたいくらいです。

若者一人ひとりが「ヴォイス（声）」を上げるようになるには、まずはこれまで生きてきた社会のあり方が当たり前ではないということに気づかせる必要があります。これは非常に難しい。こういう社会矛盾に若者が巻き込まれ、自分と向き合うことを妨害されている状況は、一体どうしたらいいのでしょうか。

内田　スティーブ・ジョブズの言葉ですが、若者にとって最も大切なのは、自分の心と直感に従う勇気を持つことだと思うんです。誰にでも心と直感はあります。「こんなことをやっていていいのかな」とか「こっちのほうに行きたいな」とか思うことはある。でも、今の若い人たちはその直感と自らの気持ちに従わない。「そんなこと誰もやっていないよ」と周りに反対されたら、それで簡単に挫けてしまう。周りの反対を撥ね除けて心と直感に従うことができる若者が本当に少ない。そもそも日本の学校では子どもたちに「勇気を持て」と教えることはありませんからね。そういう教育を20年もの間受けてきた子どもたちに、いきなり大学で「勇気を持て」と言っても無理です。だからその前段として、「親切にする」ということが必要だと僕は思っています。親切にしてあげて、この人にだったら自分が本当に思っていることを言っても処罰されない、という保険をかけてあげる。周囲の人から明らかに反対されるようなことも、この人になら言っても大丈夫なんじゃないか……そんな寛容さを担保してあげる。

また、サコ先生のように、他の人とまったく違う逸脱した人生を送っていながら陽気にゲラゲラ笑っているという大人のロールモデルを見せてあげること。「あれぐらい世間を舐めていても平気なんだ」「陽気に暮らしていけるんだ」と（笑）、現物の見本を見せることはすごく大事ですよ。

子どもに言葉で「勇気を持て」と発破をかけても、それで「はい、勇気を持ちます」

とはなかなかなりません。だったらまず親切にする。お気楽に生きている大人でも平気で楽しく仕事をしている様子を見せてあげる。鎧兜（よろいかぶと）に身を固めている子どもたちの武装解除をしてやるには、この二つが大事な気がします。

稲賀　まったく同感です。国際文化学部では、「海外短期フィールドワーク」などを通して、学生を早い時期に海外に出す予定です。これはある意味大きな冒険ですが、とても必要なことで、内田さんが今おっしゃった「親切」のひとつの形だといえます。18歳まで日本の教育を受けてきた子どもの大多数は、日本社会しか知らないし、この社会しかないと思っています。でも「外」の世界ではここでの常識は通用しない。「日本の常識は世界の非常識」。その落差を危険のない範囲で見せてあげることは、若者の人生にとって非常に大切です。そしてそうした経験は、若ければ若いほど効果が高い。

また、先ほどサコさんがおっしゃった「ヴォイス」に関してですが、これを引き出すには工夫が必要です。学生たちは授業で発言するのは怖くても、「意見を書いておいて」と言うと、ちゃんと書くんです。それを集めて「来週はこれに基づいて話してください」と了解をとっておくと、自分で文字にしたことはちゃんと話せる。ここには、日本の漢字文化圏としての特性もあるのではないかという気がしています。

漢字文化圏の我々は、人名にしても漢字を視覚的に捉えているところがあります。一方、ヨーロッパでは語ること、音が基本になっていますから、口頭でメッセージが伝わらなければダメだというのがある。法学部の授業では黒板は一切使わないほどです。入力方法がはなから違うのです。だとしたら、その利点は活かしたほうがいい。日本人とヨーロッパ人とでは脳内の仕組みはずいぶん違うはずなのに、これまでの教育理論はそういう違いをまったく勘案していない。そこにも問題があるように感じます。

サコ　今のお話を聞いていても、まずもって教育は誰のためにあるのかを問い直さなくてはならない、と感じます。そして、社会のめざす方向を決めるのは誰なのか、ということ。日本では、会社勤めならとっくに定年を過ぎた年齢の政治家が社会の向かう方向を決めている。ほとんど転びそうな老人たちが、後ろからサポートしてくれるのではなくて、私についてこい、と言っている。ここにも問題があると思います。

我々教員は、自分たちの失敗を含めた経験を語りながら、若い人たちがやりたいと思っていることをサポートするのが仕事です。社会に出ると、誰も自分の失敗を語っていません。下手をすると家庭内でもほとんどの親は失敗談を語らない。失敗しても立ち直ることはできる、それを伝えるのは実は非常に重要なのですが。

これからの若者たちは、自らがめざす社会のイメージをしっかり持たないと、老人たちの描いた実現性のないものに従っていくことになってしまいます。私たちは彼らに何をしてあげられるでしょうか。

見通しのきかない時代をなんとか生きていくために

内田 コロナ禍によって、グローバル資本主義のシステムは大きく変動しました。コミュニケーションのあり方も、国のあり方さえ変わりつつあります。さらに人口減少、気候変動など、さまざまな地球規模の問題も起きている。あまりに変数が多すぎてとてもじゃないけど先行きは予測不能です。社会がこれからどうなるのか、過去の経験に基づいて予測することは、きわめて困難です。そうした予測不能の社会に若い人たちを送り出していかなくてはならない。彼らをどんなふうに支援し、どんな能力を身につけてもらえば生き延びていけるようになるのか。それが教育者の喫緊の課題だと思います。

それはやはり「直感を鍛える」ことだと思います。僕らが未来の社会を正確には予測できない以上、彼ら自身に行き先を選んでもらうしかない。だからこそ、正しい方向を見極める力を養う必要がある。

「正しい方向」ってあるんですよ。僕のスキーの先生が以前とてもおもしろいことを言っていました。「スキー板の『正しい位置』に乗るのが大切です」と先生が言われたので、僕はつい「先生、正しい位置ってどこですか？」と訊(き)いてしまったんですけれど、その時に先生が「いつでも正しい位置に戻れる位置です」と言われた。「なるほど」と思いました。「正しい位置」というのは固定的な点ではない。その通りです。スキーでは気温や斜度や日照角度などによって雪面の状態は刻々と変わります。こういうラインで滑ると決めていても、必ず予想外の変数が入り込んできて、当初のプランを変えて対応せざるを得ない。ですから「スキー板の上の正しい位置」とは、「今ある選択肢の中で最も自由度の高いところ、最も次の選択肢の多いところ」だということになります。そういうポジションに立っていれば、連続的に変化する状況に対応して、そのつどの「正しい位置」を選択することができる。つまり、「正しい位置」というのは、事前にはわからないけれど、事後的に、難局を切り抜けた後になって、「あの時は正しい位置にいた」とわかるというものなんですね。

　未来はどんどん分岐していきます。ですから生物としては、多くの分岐を萌芽的に含んでいるような位置に立っている時に気持ちが落ち着くはずなんです。「これしかない。

これ以外のことが起きたらおしまい」というのが一番弱い。「何が起きても、なんとかなる」というのが強い。未来の選択肢が減れば減るほど、生物は恐怖を覚えるはずなんです。逆に「これだけ選択肢がある」と思えれば、この先何があるかわからないけれど、それほど怖がる必要はない。それは生き物として皮膚感覚で直感できるものだと思うんですよ。狭いところに閉じ込められていると、息苦しくなってきますが、広々した風通しのよいところにいれば、ほっと息がつける。何でもできそうな気がするから。そのわずかな気持ちの変化を感知できる力があれば、これからの見通しのきかない時代も、なんとか生きていけるのではないでしょうか。

稲賀　すごく大切なご指摘です。私も老人になりつつありますが、老人が若い人に教えられるのは、今おっしゃった「自由論」しかありませんね。

ヨーロッパの理屈では、自由とは「何か『からの』自由」か、「何か『への』自由」ですが、「それ以外の」自由というのもあると、私はずっと思っているんです。それはつまり、次に何が来ても対応できる自由です。それが自らの内に養われているかどうかが、先ほどの「深掘り」とは違う意味での、本当の深さではないかと思います。

スキーのお話が出ましたが、そう考えると波乗りなんかも、波という、分析をしようにもできない要素を相手にしていますから、どの瞬間にどの波に乗ればいいのか、研ぎ澄まされた身体感覚が必要になります。そうした直感を復権させること、再び見出すことが大切だと内田先生はずっと訴えてこられましたが、日本の教育ではそれがすべて抜け落ちてしまっていますね。

学習塾がやっているのは、定められた目標に向かう細い道をひたすら進ませることで、それではもう世の中がもたないことは目に見えています。そうした中で、大学にできることとは何か。それは、マルセル・プルーストが言った「竹馬に乗ったおじいさん」のようなことではないかと思います。老人は足元が危く竹馬のようにすぐひっくり返ってしまいますが、視点だけは高い。失敗の経験や知識は豊富なので、人生の見通しはきく。そうした「おじいさん」や年長のご婦人たちと若い人が交わるのが大学だと思うのです。

こっちは先に転びますが（笑）、こうやって転ぶんだよという「受け身のとり方」は見せてあげられるし、そのことによって若い人は伸びていく。それが内田さんの言われる「優しさ」「親切」にもつながるのではないでしょうか。まあ、それを「優しさ」と認めてもらわないと、こちらは本当に野垂れ死にしますから、なんとか若い人に支えてもらいたいのですが。（笑）

老人はすぐ「若い人は躾がなっとらん」と嘆きます。躾というとディシプリン、つまり軍事教練の「規律」のように捉えられがちですが、漢字では「身を美し」と書くんですよね。自分の身体を美しくしていくことが躾であって、それは自由を獲得していくことなのだと私は考えています。というのも「美」を追うということは感性の「感度」を深め、「音域」を拡げること、つまり先に言った意味での「自由」を拡げることだからです。

大学は〝風穴〟であれ

サコ　学生に教える中でも、選択肢は多いほうがいいんだろうなとは感じます。でも、最近、私は果たして自由なのだろうかと考えることもあって。マリにいた少年時代、勉強すればいい学校に行けて、人生の選択肢が増え、幸せになる確率が高まるだろうと思って頑張ってきましたが、いくら選択肢が多くても、何かを選んだ時点で自由を捨てていることになるのではないか、とふと思って。自由の重要性というのは、不自由になった時に初めて気がつくものなのかもしれません。

だから若い人には、答えを見つけられる力よりも、問いを立てられる力を身につけてほしいと思います。自分が将来どんな立場に置かれても、言いなりにならない、問いを立て続けられる余力を残しておいてほしい。私はよい学長だったかどうかはともかく、間違いなく扱いにくい学長でした。でもそのようにテンプレート化されていないことが重要だし、そうした意味で見本になれたらと思っていました。

時間も迫ってきましたので、最後にお一言ずついただきます。まずは内田先生、「自由論」の講義に関わってこられた思い出と、京都精華大学の新しい展開への印象をお聞かせいただけますか。

内田　とにかく風通しのいい学校ですね。日本のアカデミアがどんどん息苦しい場所になる中、これだけ自由闊達な大学は本当に珍しいと思います。

これからも、日本の大学への圧力、学問の自由への侵害は加速度的に強まってくると思います。外からやってくるネガティブなプレッシャーを撥ね返して、この学風をぜひ守っていただきたいと思います。

稲賀　日本民藝館の現在の館長でデザイナーの深澤直人さんが、こんなことをおっしゃっています。デザインが世の中に果たす役割とは、ジグソーパズルの最後のピースをはめることだろう、と。でも全体が歪(ゆが)んでいるパズルにぴったりはまるピースを入れてしまったら、かえって歪みに手を貸すことになってしまう。それを聞いて私が思ったのは、歪んだせいでピースが外れているのだとしたら、その外れてしまったピースは全体の歪みを教えてくれる貴重な存在とも言えるということでした。

大学とは、まさにそうしたピースがはまらず開いた穴なのではないでしょうか。世の中から求められるピースをピタッと入れて穴を塞げばいいかというと、そうではない。だからといって、外れたままにしておけばいいわけでもない。なぜ穴が開いたのか、その理由を考え、歪みを直す術（すべ）を見出すことが大学の役割なのではないでしょうか。

野菜でも果物でもすべて規格にはめたがる「不ぞろい」神経症の日本。そこには「破格」という「風穴」が必要です。偏差値というふるいから落ちてしまった外れ者を集めて、おもしろいピースをつくっていく。そういう大学になっていけるとよいですね。

内田　大学というのは、社会における特異点というか、外部から涼しい風が吹き込んでくる「穴」でなければいけないというわけですよね。

サコ　日本の大学は、ずっと自らの存在を否定しています。変な競争ばかりして、お互いが伸びないような状況をつくってしまっている。気づいたら世界はずっと進んでいて、我々の育成する日本の若者だけが後れをとっている。若者たちはすでに全世界、国にかかわらず同じ土俵であらゆることをやっていかなくてはならない状況にあるのに、日本の若者はそこに乗り遅れているのです。大学は開かれた場所であるべきで、国内で競争し合うより、世界とどうすれば一緒にやっていけるかを考える必要がある。

若者たちにはチャンスを与えて自ら考えていってほしいと思います。結局は本人が選択することなのですから。教育者は自分が失敗した枠組みを、再び若者たちに押しつけようとしていますが、それはいじめの構造と同じです。もういい加減、若者をいじめるのはやめろ、と言って終わりたいと思います。

2章——教育は「ゲリラ」だ

司会・小林哲夫（こばやし・てつお）
１９６０年神奈川県生まれ。教育ジャーナリスト。94年より『大学ランキング』編集者。『高校紛争 1969-1970』『大学とオリンピック 1912-2020』など著書多数。

オンライン授業導入の右往左往

——コロナ禍により、大学教育はオンライン化という大きな変革を迫られました。その効果と課題について現段階（２０２０年11月）の印象をお伺いします。

サコ　本学の場合、２０２０年４月の段階で一部の新入生を含む留学生の約30％が国外にいたため、まずは学期開始を10日遅らせました。その後、全国の大学にならって、本学も４月20日からオンラインで授業を開始しました。
一部の教員たちからは、抗議が殺到しました。教員と学生が空間を共有して初めて教育理念が機能するのに、授業をオンラインにするとは何事か、と。そこで私はビデオメッセージでこう伝えました。「懸念はもっともです。でも今大切なのは、学生を教育から切り離さないこと。理想は全うできないかもしれませんが、まずは学生の学習意欲を維持してあげましょう」と。

芸術系やデザイン系の学生には教室の画材、人文系を含むすべての学生には図書館の書籍を無料で送付したり、学内サーバーの増設にウェブ会議サービスの導入、端末のない学生にはタブレットの無償貸与なども行いました。驚いたのは、臨床心理士が常駐する学生相談室でのオンライン相談会に、学生に交じって多くの教員が相談に訪れたこと。教員も悩み始めていたのです。

教員にとっては、どうやら学生の存在自体が支えだったようです。学生からの反応がわかりにくいオンライン授業には物足りなさが残り、不安な教員は課題を大量に出してしまう。学生は課題をこなしきれない。先生はそうした学生の反応にますます不安定に……という悪循環が起きた。この現象は京都精華大学だけではなかった。当時の学長会議では、ほとんどの大学が同じ問題に直面していました。これはいけないと、3密を避けながら、基幹科目の一部で補助的に対面式を導入し、自宅でオンライン受講が難しい学生にはコンピュータ室を、教員には教室を開放しました。ともあれ今回、さまざまな課題が露呈しました。従来のやり方では、教育の多様化は担保されていなかったのです。

救われる学生、救われない学生

内田　僕の周りの大学教員たちは大体オンライン授業に当初は懐疑的だったらしいんですけれど、始めてみたら次第にそのメリットを身体で感じるようになったそうです。今では、予想よりずっとうまくいっていると言っています。

今サコ先生が「教育の多様化」とおっしゃいましたが、その通りだと思います。以前なら4、5月に脱落して授業に出なくなるような学生が必ず2～3割いたのだけれど、それが減ったそうです。教員とのパーソナルなコミュニケーションができるようになったからだと思うという説明でした。対面授業では、ごく限られた時間に、限られた学生しか先生には話しかけられない。教員に質問するのはかなりハードルが高いことですから。でも、オンラインなら、引っ込み思案な学生でもメールで質問できるし、欠席した学生には先生のほうから「今日はどうしたの？」とか「宿題はこれです」と手を差し伸べることもできる。「先生に認知されている」感覚を初めて得たという学生もきっといるのだろうと思います。でも、それを聞いて、今まで教師は一体何をやっていたんだろうと逆に反省しました。

大学はこれまで「学習強者」をデフォルトに制度設定していたんじゃないかと思うんです。たしかに積極的に授業に参加して、発言し、研究室まで質問に行き、図書館やコンピュータなどの教育資源を活用できる活動的な学生はいます。でも、そんなことができる学生は実は一握りなんです。それができない多くの「学習弱者」を僕たちは見捨ててきたんじゃないか。

1〜2割の学生が大学の提供する教育資源を最大限活用して目に見える成果を上げていれば、「教育は成功している」と思ってきた。でも、多数派である学習弱者に対して卒業までの間にそれなりの学力や自己表現力を養って送り出すという課題を教員は実は本務だと思っていなかったんじゃないか。脱落する学生は学生課や心理相談室のカウンセラーに任せて、多くの教員は学習強者を指導することを主務として、落ちこぼれていく学生については、「なぜ不登校の学生のケアまでしなくちゃいけないんだ。ここは中学校じゃないぜ」という感覚だったと思います。

それがオンラインに移行して、実は学習弱者のほうが多数派であり、かつ彼らが教員とのコンタクトを望んでいながら、その回路が用意されていなかったという事実が露呈した。

サコ　本学でも、休みがちだった学生の出席率向上はたしかに見られました。でもそれが該当するのは2年生以上。1年間大学生活を経験した結果、合わないから教室には行きたくない、行けないけれど、オンラインなら出席できるという学生は拾えた。問題は1年生です。

日本では学生は入学式などの儀式を通過して初めて、「自分は大学生になった」と感じるわけです。でも初年次教育がオンラインになったことで、教員の顔も大学での学び方もわからないままになり、悩む1年生が出てきてしまった。一度でいいからキャンパスに来て先生たちに会い、信頼できると確認さえできれば、安心して授業などに積極的に参加できるでしょう。でもその基盤さえない人が果たしてオンラインで救われるのかどうか。いつでも覗けるオンデマンド授業への参加に、先生からの一押しがほしい人もいる。教員の働きかけが必要です。

キャンパスという「場」の力

内田　オンライン授業の問題は、それが本質的にオンデマンド（on demand＝要求に基づいて）だということですよね。アカデミアとは本来、学生たちがふらふらできる場所でなければならないと思うんです。キャンパスをふらふらしてるうちに、もののはずみで（by accident）「そんな学問がこの世に存在するとは知らなかった分野」に出会い、もののはずみで取る気のなかった科目を履修し、図らずも学ぶ気がなかったことを学んでしまった。そういうことが大学では実によく起こる。その偶然性がアカデミアの豊饒性と開放性を担保していたと思うんです。

「オンデマンドの学び」というのは、メニューを見てから料理を選ぶようなものです。あらかじめ自分の好き嫌いや関心の有無で選択の範囲が限定されてしまう。たしかに「求める通りのもの」は手に入るけれど、「図らずも学んでしまう」というチャンスは失われる。オンラインは学習弱者には親和的な学習手段かもしれませんが、学びに開かれた知性をさらに成長させる「もののはずみで」の学びの機会は減殺される。ですから、学生たちを三つか四つの層に分けて、それぞれが最大の利益を引き出せるシステムを工夫していく必要があると思います。

サコ　そうですね。日本のキャンパスはまるで聖地です。教育現場に身を置くこと自体に価値があり、今回それができないことで皆が不安にさらされたのです。「学習の機会を止めないよう、オンラインでも議論しましょう」といくら伝えても、学生は「あのキャンパスに肉体が行っていない」ことにアイデンティティが揺らぐほどの所在なさを抱いている。

これは幼稚園から高校まで、フィジカルな「場」に依存する教育の弊害でもあると思います。だからその「場」を重いと感じる人は引きこもってしまう。アメリカには全科目オンラインで履修可能とした大学もありますが、日本では難しいでしょう。「場」があって初めて教育は成り立つと、誰もが思っていますから。

もちろん、キャンパスは小さな社会であり、内田先生がおっしゃったような出会いの偶然性という利点を持っています。それはつまり、キャンパスで学生が学ぶものは授業からだけではないということであり、逆に授業だけならオンラインでも十分と言える。

現在本学では、学生がさまざまなことで自由に使える複数のコモンズが存在する校舎を新設中です（2022年2月竣工の明窓館）。キャンパスに最も必要なのは、学生が偶然に人、情報や知識と出会える場所、議論する場所、何かが生起できる場所ではないでしょうか。

内田　その通りだと思います。教室での教育活動はオンラインで代替できる。でも、思いがけない学術的な活動と出会って、化学反応を起こすという偶然的な出会いはフィジカルな、実在のキャンパスでしか体験できない。

オンライン授業で学生の平均学力はたぶん上がるでしょう。出席率も向上するし、教員とのコミュニケーションも密になっているから。でも、「大化け」する学生はなかなか出にくいんじゃないかな。文科省は数字だけ見て「なんだ、オンラインで行けるじゃないか」とあっさり言うかもしれませんけれど。（笑）

オンラインの意外な利点

——今後はオンライン授業一辺倒になるのか、それとも対面授業とのバランスを考えていくのでしょうか。

サコ　オンラインは学習機会の提供という意味で有効であると今回、改めてわかりました。でも、北欧などと違い、日本は幼少期からのオンライン学習の文化がなく、既存の学習内容をオンラインに移行するだけにとどまっている。

本学で内田先生もゲストに迎えている「自由論」のオンライン授業で、おもしろいことが起きました。途中で受講者たちを小グループに分け、議論をさせてみたのです。見知らぬ人同士なので最初の5分はみんな無言でした。自己紹介さえ固まっている。「今、電車の中だから、チャットでいい？」と言う人もいたり。でも開始20分後に再び各部屋を覗くと、議論が始まっていました。30分後にはとりまとめ役まで生まれていた。40分後にはちゃんと報告者が出てきたんですよ。報告は次から次へと続き、話し足りなかった人はメールで送ることに。学生には自分たちで工夫する力があるのだと感心しました。あらかじめ手順を決めていたら、こうはいかなかったでしょう。

内田　工夫次第で、オンラインでも対面に近い効果が上げられるということの適例ですね。今後しばらくは、パンデミックを勘定に入れて社会制度全体を設計し直す必要がありますから、大学はオンラインとキャンパスでの対面授業を並走させる「ハイブリッド型」を採用することになるでしょう。

僕が主宰する凱風館では、寺子屋ゼミと合気道を共にオンラインと対面のハイブリッド方式で開催しています。合気道は稽古の様子をＺｏｏｍ配信しています。ゼミのほうは、遠方で通えない人や、育児や家事で凱風館まで来られない人も視聴できるので、今期は前期の倍近い人数が受講しています。前期の中国論のゼミでは武漢在住の人が参加してくれて、中国の現状を報告してくれた。オンラインだとそういうことができる。おかげで参加者の幅が一気に広がったのはプラスでした。

意外だったのは、合気道のほうです。武道には道場に座って、自分は動かずに、他人の稽古を黙って見ているだけの「見取り稽古」というものがあります。凱風館では見取り稽古も稽古数にカウントしています。先日、久しぶりに道場に来た人が、それまでとは違う冴えた動きをしていた。稽古記録を見たら、オンラインで30回見取り稽古をしていました。パソコンの画面を見ているだけでもこれほど上達するのかと、ちょっと驚きました。

サコ　大教室で行う講義で、学生同士を議論させることは通常難しい。でも今回オンラインで強制的かつランダムにグループ分けをしたところ、学部も学年もバラバラな組み合わせができた。これにはおもしろい効果がありました。当初は我々も使いこなすだけで精一杯でしたが、工夫を重ねるうちに、オンラインならではの利点がわかってきたのです。

問題は、文科省が現場の工夫と課題をどこまで理解しているかということです。小中高の子どもたちの発達に応じた学習段階の違いへの対応は曖昧だし、紙をすべてデジタルにすればいいと思っている方さえいるのではないか。デジタルを導入するにあたってあまりの現場感覚のなさに、愕然とします。

内田　混乱を経て、現場はオンラインの利点・欠点を理解しつつあると思います。でも、文科省はあまり現場の実情を知らない。ただ対面授業を増やせというような単純な話じゃありません。

サコ　今、世界全体がオンライン教育へ向かっています。国外から日本の授業を受けられるようになるということは、日本語を普及させるチャンスでもあるのです。本学では2021年度入試（2020年度実施）の一部をオンライン方式にしたところ、国内外から学科によっては前年の数倍のエントリーがきています。特に増えているのは国外在住者です。事務局はうれしい悲鳴を上げていますが、そういう「臨床経験」を繰り返しながら、教育におけるオンラインの立ち位置が確立していくのではないでしょうか。

内田　少子化局面ですから、日本の大学で教育を受けたいという外国人が増えるのはありがたいですね。

サコ　いいと言えばいいのですが、「恐怖」も感じます。本学のあるコースでは3分の2が留学生で、もはや「日本人」はマイノリティ。ディスカッションでは圧倒されています。「留学生じゃなくて日本の専門家を育てたかった」と辞める教員もいました。「自分には外国文化の知識がないので、教えられない」と、教員がリーダーシップを発揮できなくなっている場面も見られる。留学生の増加で、教員はいっそうその姿勢が問われるでしょう。

「ゲリラ旅行」は効果抜群

――サコ先生は『サコ学長、日本を語る』（朝日新聞出版）などで、日本の学生にとって国外はハードルが高いと指摘していますね。

サコ　日本では国外に出ることが、留学や外資系企業への就職といった、学力競争の勝者のトロフィーとなっています。ただ一人でふらりと国外へ行って、ただ見聞を広めて帰ってくる人を支援するインセンティブが学校にはない。それでは「行きたい」という学生は出てきません。

内田　僕が大学在職中、ゼミ旅行ではほぼ毎年海外に行っていました。中国、韓国、台湾、タイ、インドネシア、マレーシア……。もちろんゼミでの海外旅行は大学では禁止されています。事故があった時に大学は責任を取れませんから。そこで「ゼミ旅行」とは言わず、学生は学生同士で個人旅行に出かけ、教師は教師で個人旅行をするということにしました。それぞればらばらに出かけた人たちが空港でばったり会う。「あれ、君たちどこ行くの？　え、行き先一緒なんじゃない。なんという偶然！」と言って同じ飛行機に乗り、同じホテルに泊まって帰ってくるという。（笑）

サコ　私もかつてはゲリラ的にやっていました。学生たちが「焼肉を食べたい」と言うので「焼肉ならソウルでしょ！」と、勢いで学生20人を2泊3日のソウル焼肉ツアーに連れていった（笑）。大学にはめちゃくちゃ怒られましたが。おもしろかったのが、正規の授業ではないため、学生たちがミスのないよう注意していたことです。「しおり」をつくったり、店を予約したりと自発的に準備した。そこで大学は、正式な短期の海外ショートプログラムにも、毎回、半年間の準備期間をつくりました。すると学生たちが自発的に動き出すのです。特製Tシャツまでつくったりね。（笑）

国外に行くことの楽しさを伝える教員の姿勢が重要なのです。もちろん積極的な学生ばかりではありませんが、一人では怖くてもみんなと一緒なら行けるかな、と思わせること。関心さえ引き出せば、学生たちは自分で動きます。形式だけ整えられマニュアル化された留学に誰も行こうとしないのとは対照的です。

――学生は、知に飢えているのでしょうね。あれもこれも知りたいけれど、なかなか一歩が踏み出せない。その気持ちをどうやってすくい上げ、発揮できる舞台をつくるか。

サコ　重要なのはそこです。でも高校の延長のような教育をしている教員が非常に多い。一方的に科目を教えるのではなく、学生たちが求めている時に求めている情報をプロとして出せるかどうか。講義室以外の場にコーヒー片手に集まって話す中で、「この本を読んでみたら」と、知的好奇心を刺激する。そういう場が生まれる方向に、教育方法を変えていかなくてはいけないと感じます。

内田　非公式の教育は効果が高いんです。僕が私的に学生をフランスの語学研修に連れていった最初の2年間、学生は本当によく勉強しました。でも、3年目に大学が語学研修を正式カリキュラムに採用したら、モチベーションが微妙に下がったのを感じました。不思議なものですね。非公式でゲリラ的な教育活動だと学生たちはそれが意味のあるものだと自力で証明しようとする。でも、公式のプログラムになると、その成否の責任は単位認定した大学にあって、学生たちの自己努力とは関係がないと思ってしまうんでしょうね。

サコ　制度化した途端、楽しみが失われるんですよね。私のゲリラ旅行の参加者は20人でしたが、ゼミ旅行として制度化した今はわずか5人前後。もはや制度を維持するのも難しい状況です。大学はリスクゼロの制度をめざそうとしますが、どんなに気をつけても、問題は出ます。それなら学生を巻き込んで、彼らが楽しいと思えるプログラムを教員と一緒につくっていくほうがいい。学生にプログラムのオーナーシップを渡すことが大切です。

内田　公式カリキュラムだと学生たちは「お客様」気分ですが、ゲリラ旅行では学生が全部自力でやりますからね。どう考えても、非公式の活動のほうが教育効果がある。

サコ　フランス語でコンプリシテ（complicité ＝共犯）という単語がありますが、学生たちは教員と秘密を共有する感覚になると主体的になるんですね。以前、私は京都市内の町家カフェなどを会場にしてゼミを開催していましたが、学生がカフェを提案してくれます。もちろん大学は教室移動を認めていませんが、フィールドワークの一環として実施していました。でもだからこそ教員と一緒に秘密を共有している感じがするのでしょう。コンプリシテは責任感を生むんです。

内田　共犯関係って大事ですよね。でも今の大学ではもう国内であっても、ゼミ旅行そのものが「できたらやめてほしい」ということになっていると思いますよ。「何かあって、保護者から訴えられたらどうする」って。

サコ　自主活動や国内外の現場で教育を行う、というのは文科省のチェック項目にも入っているはずなのに、実際にやると、単位の評価が難しいとも言われます。そこで本学では、対象期間と活動を参考に、事前・事後学習を評価することにしました。現地ではあくまで体験を重視し、調査などに失敗したって構わないと伝えています。

入試の抜本改革は進むか

――入試改革とコロナ禍のオンライン入試が重なり、大学はどこも大変な状況だと思いますが、現時点で入試にはどう取り組んでいますか。

サコ　入試改革と言っても、国の改革に振り回されるばかりで、大学人自身がどんなふうに学生を見たいのか、誰のための入試なのかを見極められていないと感じます。事務局は今、新制度＋コロナ対応のダブルパンチの上に受験者が殺到し、非常に余裕のない状況です。受験者が集まらなくても殺到してもストレスが溜まるなんて、おかしいですよね。本来、人生の新しい段階に向かうという緊張感はあるが、ポジティブな体験である入試に携わる私たちが余裕を失っている。入試の役割を、今一度見つめ直さなくてはなりません。

――従来とは異なる選抜方法のアイディアがおありなのですか。

サコ　私は本学で長年にわたって入試を経験しました。形式は変化してきましたが、本質はあまり多く変わっていない。日本の大学入試は高校でついた力を確認するだけで、大学で必要な力を問われる試験にはなっていない。ここを抜本的に改革すべきです。

内田　コロナ禍で学生を一箇所に集めるのが難しい以上、オンライン入試も工夫しないといけないですね。

従来のペーパーテストだと暗記したことを出力するだけでしたが、オンラインテストでは、一定時間で、手の届く範囲のすべてのリソースを使って課題に答えさせるというやり方をしてもいいんじゃないかな。本を読んでもいいし、ネットを検索してもいいし、友だちに聞いても構わない。実際に、僕たちは日常生活では難問をそうやって解いているわけです。論文だってそうやって書いている。大学を出た後、必要とされるのは答えを暗記する力ではなく、さまざまな知的アーカイブに迅速かつ適切にアクセスできる力じゃないですか。それを見る入試というのは、工夫してやればできるんじゃないでしょうか。

サコ　それが理想の形でしょう。でもそうすると日本の高校や受験産業は対策ができず、困るでしょうね。オンラインの入試方法を検討する中でおもしろかったのが、フランスのやり方です。受験生にクロスディスカッションをさせたり、一人に語らせたりしていた。

学術研究に自由を

——最後に、日本学術会議の会員候補の6人を菅義偉政権（当時）が任命拒否した件をどうご覧になっていますか。

サコ　社会主義や共産主義の国にも、自由度の高い学術会議はあります。学術会議はファクトベースで政府に物申せる唯一の場所であり、政府も聞く姿勢を持っている。でも日本には残念ながら、その自由と多様性がないのだと思いました。学術会議自体が多様化、グローバル化せず、弱体化しているのではないかとも感じます。自分たちが本当に高度で多様な研究を積み重ねていれば、政府が介入できる隙間はないはずです。

内田　任命拒否を強行したのは、日本の大学人は政府がどんな理不尽な命令を下しても決して逆らわないだろうという確信があったからだと思います。たしかに過去四半世紀の教育行政を見ると、政府は研究・教育に介入してきて、学者たちの自律性を傷つけ、学術的パフォーマンスを下げることにはみごとに成功してきました。政府の介入に対して大学人は効果的な抵抗を組織できなかった。国立大学の独立行政法人化も評価制度導入も学校教育法の改正も、黙って受け入れてきた。伝統ある教授会民主主義が一片の法律で消えたのに、大学人はほとんど抵抗らしい抵抗をしなかった。ですから、その「成功体験」を踏まえた政府が、日本の大学人は頭ごなしに一喝すれば縮み上がって言うことを聞くに違いないと思ったのはある意味当然なんです。

でも、それが思いがけない反発を受けた。それは政府が学者には大学構成員というサラリーマン的側面と、研究者としての自営業的側面の二つがあることを見落としていたからだと思います。学術団体というのは職人としての学者たちの集まり、「ギルド」です。誰がギルドのメンバーとしてふさわしいかは玄人が決めることで、門外漢である素人が口を出す話じゃない。当たり前です。たしかにサラリーマンとしての大学人は権力に対して腰砕けですけれども、学術的ギルドのメンバーは違う。職人がプロとしての誇りを棄てたら、もう存在理由がありませんから。

学術会議の会員の任免に政府が口出しするということを一度許したら、次は「こいつを会員にしろ」と言って、政府の意を受けた御用学者を学術会議に押し込んでくることは目に見えています。だから、プロの仕事の質を担保するためにはここは絶対に譲れない。

サコ　同感です。政治が入ってくればくるほど、大学は崩れていきます。文科省の管理システムを全部導入したら、大学は学問と知性を重んじる場として成り立ちません。一部の制度は大学を職業訓練校のように考えているのでしょう。

日本の将来を考えれば、学術会議にはもっと多様性が必要です。同時に、学者たちがもっと自由な研究・教育活動を展開すべきとも思います。「ゲリラ的＝挑戦的」な研究活動がとことん禁止され、大学教員はもはや単純労働とルーチンワークしか許されていないような気がします。

内田　今ゲリラなんてやったら、懲戒免職ですよ。

サコ　そうなんですよ。大学から自由がどんどん奪われている。施設ひとつつくるのにもさまざまな許可が必要とか。大学が主体的に改革を進めるチャンスは今しかない。このまま大学や教育の改革を政府主導に任せていたら、もはや大学で独創的な教育活動を行う教員は必要なくなりますよ。

内田　このままでは日本の高等教育機関は機能しなくなるかもしれません。でも、そうなったらそうなったで、今度は、私財を投じ、身銭を切って知的な公共空間をつくらなければならないと思う人がきっと出てくる。そういう動きはすでに、始まっていると思います。

3章——将来は「なんとなく」決めるべし

〈編集部注〉本章は京都精華大学の講義「自由論」（2020年度）をもとにしています。

サコ　先日、意気投合したように、私たち二人それぞれの「ゲリラ的教育」は、学生たちの成長にとって効果的だったと確認できました（2章を参照）。でも特にコロナ禍に陥ってから、今の若い人たちに対する教育は非常に大きな転換期を迎えています。もしかしたら、オンライン教育など新たなスタイルにはいいところもあるという気づきもあるかもしれないし、逆に課題も見えました。「大学教育と自由」という視点でまずは内田先生に講義をしていただき、その後質疑応答の時間をとります。

最初に、内田先生から学生の皆さんに対する二つの質問と、その回答を見ておきましょう。

Q1「里山や漁村におもしろそうな仕事があるなら、そういうところでのんびり暮らしてもいいかな……と思いますか?」

思う	65%
思わない	20%
どちらかわからない	14%

Q2「将来自分がどんな職業に就くのか、できるだけ早くに決めたほうがいいと思いますか?」

思う	48%
思わない	37%
どちらかわからない	14%

ニューヨークから過疎地に移った想田和弘監督

内田　自由論というざっくりした科目名ですので、僕はいつも何を話すか決めずに来て、その場で思いついたことを話していますが、今日は珍しく事前にアンケートをとりました。

アンケートでは二つ質問をしました。これは実は両方とも最近経験したことを踏まえています。少し長くなりますが、まず一番目の質問にまつわる話からします。

先日、岡山県の牛窓（うしまど）というところに行きました。牛窓は瀬戸内海に面した、古くからあるとても美しい港町です。ドキュメンタリー作家の想田和弘（そうだかずひろ）監督と奥さまの柏木規与子（かしわぎきよこ）さんがそこにお住まいで、牛窓を舞台に『牡蠣工場（かきこうば）』と『港町』という二つの映画作品を撮っています。その想田監督とこれからの日本人はどんなライフスタイルを選ぶべきかというテーマで対談をする企画がありました。1回目はオンラインでやりましたが、やはり会ってお話ししたいので、牛窓をお訪ねしました。

想田監督は大学卒業後に、映画作家をめざしてニューヨークで映画を学び、それからニューヨークを拠点にして活動してきた方です。帰国した時には奥さまの母方の故郷で、親戚もいる牛窓で休暇を過ごしていたそうですが、おもしろそうな映像素材がたくさんあることに気づいて、牛窓を舞台にしたドキュメンタリーを撮り始めました。そして、コロナでアメリカとの行き来が不自由になったことをきっかけに、牛窓定住を決断されたのです。

世界で最もアクティブなニューヨークという街にいた人が、猫と高齢者しかいない港町に移り住んだのです。たしかにすごくきれいなところなんです。想田監督のお家は海から5メートルくらいしか離れていない。家の前に海岸道路があるだけですので、2階の部屋から見下ろすと窓の外はもう海なんです。そこでずっとおしゃべりをしていました。そのうちに太陽がだんだん西に傾いてきて、空を真っ赤に染めて海に沈む。東から空が群青色に染まってきて、宵の明星が光り、気がつくと満天の星が夜空を埋め尽くしていた……。外が暗くなり始めた時に「どうして部屋の灯りを点けないんだろう。想田さん、話に夢中になって電灯を点け忘れてるのかな……」と内心思っていたのですけれど、それは都会人の僕の悲しい習性であって、日が傾き始めた時に部屋の電気を点けたら、一日で一番空が美しい時間を見逃していた。その時に「なんという豊かな時間だろう」と思いました。ただ、部屋にいて空と海を眺めているだけでこれほど美しい時間を味わうことができるんですから。

僕らのような都市生活者は、時間を時計で計りますね。でも、牛窓では時間は数字ではなくて、じかに五感に触れてくるんです。ですから、想田さんは夏は朝早く起きて、冬になるとゆっくり起きるんだそうです。身体が自然と同期すると、自然にそうなるらしい。

想田監督が今撮っている映画は、30匹ほどの野良猫の話だと伺いました。近所の神社で猫に餌付けをしている人がいる。その野良猫を見るためにわざわざ県外から車でやってくる人たちもいる。その様子を撮影する。家から半径50メートルぐらいの場所でカメラを回すだけで、何本でも映画が撮れそうな気がするそうです。過疎で高齢者ばかりの集落なんですけれども、想田さんの目には、牛窓は無尽蔵の映画的資源に充たされた場所に映る。

過疎化は国策!?

内田　その話を聞いているうちに、僕たちは今、文明史的な分岐点、転換点にいるのではないかと感じました。つまり、「ものそのもの」に触れて生きるのか、それとも記号を相手に生きるのか、どちらかを選ぶ岐路に立っているのではないかという気がしたんです。

牛窓に到着してまず最初にご夫妻の車で牛窓の一番標高の高いところにある展望台に連れて行ってもらいました。瀬戸内海が一望できるとても眺望のよい場所でした。展望台の南、東、西には瀬戸内海の絶景が広がっている。ところが、北側に目を移したとたんに暗い気持ちになった。

牛窓の北にはかつて錦海湾という内海がありました。水深は浅いのですが、そこが魚の産卵場になっていて、瀬戸内海の生態系の重要な一部を成していました。ところがここを1950年代に埋め立ててしまった。漁業はもうからないから、製塩業に切り替えるという行政の方針で、湾を埋め立てて塩田にしたのです。でも、もくろみが外れて、製塩業では収益が上がらず、70年代には放棄されてしまった。でも、塩田には他に使い道がありません。塩分が強すぎて農業はできない。しかたがないので、塩田だった土地は産廃処理場になりました。その後、錦海湾には太陽光パネルが設置されました。僕が見たのは、それでした。かつての錦海湾を黒く塗りつぶすようにソーラーパネルが埋め尽くしていたのです。ディストピア的光景でした。

太陽光パネルによる発電事業はいつまで収益事業として持つのでしょうか。製塩業で失敗したように、このパネルだって30年後には巨大な産業廃棄物になってしまっている可能性だってある。何千年も何万年も美しい海であり、漁場であり、瀬戸内海の魚たちの産卵場だった海を、目先の銭金を追いかけて埋め立て、こんな見苦しい姿にしてしまった。もうこの土地をもとの美しい海に戻すことはできないんです。

たしかに自然を破壊して、そこに人工物をつくれば、それがどれほどの収益をもたらすかの予見可能性は高まります。これだけ設備投資をすればこれだけの収益が上がる。そういう計算は立つ。でも、そんなのは短期的なことにすぎない。実際に製塩業は塩に対する市場の需要が変動したせいで、あっという間に採算がとれなくなってしまった。市場のニーズがどう変わるかなんて、誰にも予測できません。経済合理性がコントロールできるのはごく短期間にすぎません。結果的には、つまらない算盤（そろばん）を弾いた人間たちの賢（さか）しらのせいで、取返しのつかない仕方で自然が破壊された。海があった場合に自然から引き出すことができたはずの多様な豊かさを、人間の欲が破壊してしまった。なんと人間というのは愚かで罪深いことをするのか。失われた海を埋め尽くすソーラーパネルを見てそう感じました。

今、政府が推し進めている「地方創生」なるものが経済合理性をめざしている限り、錦海湾をつぶすような愚行をまた繰り返すことになると僕は思います。たしかに日本列島では、たいへんな勢いで過疎化が進行しています。もう地方で人口がV字回復することは望めない。そうなると、これから日本各地で、「もう人が暮らしていない無住地」が広がることになります。ですから、おそらくビジネスマンたちは「無住地でどうやって収益事業を展開するか？」を考え始めていると思います。どこまでも無住地が広がるというのは、考えてみると悪くないビジネスチャンスなんです。もう住んでいる人がいないわけですから、生態系をどれほど破壊しても、汚染物質を垂れ流しても、大気を汚染しても、「地域住民からの反対」はありません。産廃処理場や核廃棄物の処理施設をつくることだってできる。ソーラーパネルを地の果てまで敷き詰めることもできるし、風力発電用の風車を地の果てまで林立させることもできる。「生活環境の破壊だ」と言って抗議する人がもう誰もいないんですから。中途半端に地方に人が残って細々と生業を営んでいるよりは、もう誰も住まなくなるほうが経済合理性にはかなう。だから、政府と産業界は、どうせ人口減が不可避なら、薄く広く人口が離散するよりも、一点に住民が集住し、それ以外の地域は住民ゼロという「めりはりの効いた人口の減り方」のほうが金になるというふうに考えていると思います。

「コンパクトシティ構想」とか「デジタル田園都市国家構想」とか政府が言い出していますけれど、あれはまさに「一点に住民を集住させ、それ以外の土地を無住地にする」という計画だと僕は思っています。表向きの理由は「集住させることによって行政コストを削減し、医療や教育や消費活動などについて住民の利便をはかる」ということになっていますけれど、僕は裏の理由は「無住地の拡大」だと思います。最近になって政府は「新しい原発の建造」などというとんでもないことを言い出しましたけれど、それは「いずれ、誰も人が住んでいない、何の使途もない広大な土地があちこちに広がるのだから、原発を建てても住民に配慮する必要がなくなる」という予測をしてのことだと思います。

日本の人口減がどれくらいの規模のものか、たぶんここにいる学生さんたちはご存じないと思いますけれど、政府の出している予測で、今から80年後の2100年における人口は中位推計で4770万人です。今の1億2600万人から80年間で7800万人以上減るのです。年間100万人近いペースで人口が減る。そんな急激な人口減を経験した国は歴史上ありません。日本だけではありません。日本に続いて韓国も中国も人口減局面に入ります。ヨーロッパにも出生率が人口置換水準（2・1）を超える国はありません。遠からず全世界的な人口減が始まる。人類が一度も経験したことのない事態です。でも、地球の「キャリング・キャパシティ（環境収容力）」を考えたら、これ以上人口が無限に増え続けることはもう無理です。だから、人類が減るというのは自然の摂理としては適切なんです。

問題は、僕たちの社会ではすべての制度が「人口増・経済成長」を前提に設計されているということです。これまでずっとそうだったのですから当然ですけれども、もう人口は増えないし、経済も成長しません。その前代未聞の条件を勘定に入れて制度をつくり替えなければならない。

日本列島は穏やかな温帯モンスーン地帯で、土地は肥沃で、水量は豊富で、動物相・植物相も多様という世界でも例外的に恵まれた自然環境にあります。平地や盆地ならどこでも居住可能で、どこでも生業を営むことができる。この豊かな環境を大切に使い延ばして、子孫に伝えてゆくというのがさしあたり僕たちの責務だろうと思います。

しかし、実際に政府や産業界が進めているのは、この貴重な自然を破壊して、目先の金に換えるということです。錦海湾で犯した失敗と同じことを今度は全国規模で展開しようとしている。これに対しては断固として反対しなければならないと僕は思います。

この人口減と地方の過疎化ということは、学生諸君にとっても他人事ではありません。それは「卒業後にどんな仕事に就いたらよいのか」という切実な問いに直接つながっているからです。

それがアンケートのひとつ目の質問の意図です。「里山や漁村におもしろそうな仕事があるなら、そういうところでのんびり暮らしてもいいかな……と思いますか?」という問いに65%の方が「思う」と回答しました。多くの人はそれほど深く考えずに回答したと思うのですけれど、たぶんそう答えたのは、諸君のアンテナが「里山や漁村でおもしろそうな仕事をしている若い人が増えている」という情報をすでに感知しているからだと思います。それはまだ直感的なものにすぎません。具体的な求人情報に接する機会がないから。大学のキャリアセンターの掲示板には出てませんから。でも、実際には地方にはたくさんの求人があるんです。その情報が諸君の手元に届く仕組みがないだけです。

地方都市では今、老舗の廃業が増えています。何代も続く店舗で、顧客もサプライチェーンも安定しているにもかかわらず事業の継承者がいない。こういう場合「後継者求む」の求人は一人です。こんなミクロな情報は誰も伝達してくれません。実際には日本の各地で多種多様な求人があるのですが、それは都市部の就活生のもとには決して伝わらない。そういう仕組みになっているのです。

君たちは巨大就職情報産業の作成したシステムを経由して就活していますけれど、これらの情報産業は「質の高い労働者を低賃金で雇用したい」という企業の要請を配慮して事業をしているわけですから、「できるだけ少ない求人先に、できるだけ多くの求職者が殺到する」という仕組みをつくります。新卒一括採用がそれです。すると、人気企業については、何百倍というような倍率になります。１００社受けても内定がとれないというようなことが「ふつう」という状況になる。すると、就活生の自己評価はがたがたに下がります。ある時点で「もうどんな劣悪な雇用条件でもいい。とにかく雇ってほしい」という気分になる。別に、今の日本に固有なことではありません。これは19世紀の英国からずっと続いているやり方なんです。労働人口が過剰な地域と、労働人口が少ない地域を人為的につくり出す。企業は労働人口が過剰な地域でのみ求人する。求職者が殺到する。すると企業側は労働者に対して「お前の替えなんか、いくらでもいるんだ」と言うことができる。そうやって人件費コストを削減して、収益を上げる。資本主義というのはずっとそうやってきたんです。今に始まったことじゃない。

だから、資本主義社会では、人口が少ない地域での求人情報は構造的に遮断されているのです。地方に人が散らばってしまうと、都市部での求職者が減って、賃金を上げないと人が集まらなくなるからです。今、地方での求人を探そうと思ったらハローワークに行くしかありません。でも、文字情報だけで、業種と賃金くらいしかわかりません。「海のそばで暮らせる仕事がしたい」とか「毎日森の中を歩く仕事をしたい」とか「作務衣を着てする仕事がしたい」とかいう漠然とした希望では検索のしようがありません。でも、実際には若い人たちはそれくらいに漠然とした「労働イメージ」しかないと思うんです。今のテクノロジーを活用すれば、ミクロの求人とミクロの求職者を、いくつかのキーワードだけでつないで、仕事のマッチングをするということはぜんぜん難しくないはずです。キーワードを数語打ち込むだけでAIが絵を描いてくれる時代ですよ。「窓の外に海が見える。床と壁が木。ジーンズとTシャツで仕事ができる。近くに美味しいイタリアンがある」くらいの条件で検索をかけたら数十の求人が出てくる……というようなシステムなんてつくるのは造作ないことだと思います。でも、誰もそんなマッチング・システムをつくらない。それは「求職者を狭いところに押し込めて、選択肢を奪うことで、雇用条件を切り下げる」という資本主義のルールに違反するからです。

選択肢は二つあるようでいて、ひとつしかない

内田　これからの人口減日本はどういう道を選ぶべきでしょうか。選択肢は二つしかありません。日本列島津々浦々に人も資源も離散して、どこでも生業が営めるようにするという「地方離散シナリオ」と、都市部に人口を集中させ、それ以外の土地は無住地化するという「都市集中シナリオ」の二つです。

今の日本の政府と産業界はすでに「都市集中シナリオ」に向けて舵を切っています。「人口減局面であっても経済成長する」という資本主義からの厳しい要請に応えるためには「人口過剰地域」と「人口過疎地域」を人為的につくり出すしか手立てがないからです。

首都圏に全人口を集め、それ以外の土地は過疎地・無住地として見捨てる。そうすれば、仮に人口が5000万人まで減っても、東京は今と同じように人間が密集して暮らし、経済活動も活発に行われるでしょう。資本主義はそうすれば延命できる。

ただし、「都市集中シナリオ」を選択した場合には、都市部から一歩外に出ると、そ

こではもう生活できなくなります。物流のための幹線道路や鉄道だけは通っているでしょうけれど、一般道路にはもう管理コストを投じませんから、橋は落ちたまま、トンネルは崩れたままです。うかつに道路を離れて無住地に迷い込むと、太陽光パネルや発電用風車や産廃処理場だけが広がるディストピアにでくわすか、森に覆われ、野生獣が横行する「野生のエリア」に入り込む。「国破れて山河あり」と言いますけれど、もう天変地異や戦争で都市部が居住不能になっても、逃げ出す先の「山河」がなくなる。

そんなのは内田の妄想だよと笑う人がいるかもしれませんけれども、「都市集中シナリオ」というのはそういうリスクを抱えている。だって、過去に一度もそんなシナリオに基づいて制度設計をしたことがないんですから。全国津々浦々に人が暮らしていた時代は存在しますが、都市だけに人が暮らして、それ以外が無住地であった日本列島なんか誰も一度も見たことがないんです。一度もなかったことですから、そこで何が起きるか誰にもわからない。

特に「都市集中シナリオ」を選ぼうとしている人たちは「野生の繁殖力」を過少評価していると思います。人が住まなくなった後に土地がどれほど急速に野生に覆い尽くされて、制御不能になるかについて十分な知見を持っているとは思えません。すでに都市近郊でも野生獣による獣害が増えています。文明と野生の間の緩衝帯であった里山が空洞化したことの結果です。これまでは里山が野生の力を押し戻して、「ここから先は人間の領域だ」と宣言していたのですが、里山が過疎化で痩せ細ってきて、野生を押し戻す力が弱まっている。都市部に熊や猪や鹿が入り込んできて、街中で人的被害が出るということも遠からず起きると僕は予測しています。

人口5000万人というのは明治末の日本の人口です。それでもその時に全国津々浦々には人が住んで、産業があり、固有の文化があり、きちんと生活を営んでいた。江戸時代の人口は約3000万人でしたけれども、300の藩（地域）に分かれ、基本的には自給自足していました。どこにも城下町があり、固有の産業があり、固有の伝統文化が守られていた。そういう過去の「成功例」があるわけですから、またそれを工夫して、改善してシステムをつくればいい。なぜ、過去に一度経験したことがある「地方離散シナリオ」を捨てて、一度も試みたことがないし、何が起きるか想像もつかない「都市集中シナリオ」に固執するのか。なぜ、そこまでして資本主義の延命を図らなければならないのか。

大学生である君たちはこのあと、まだ60年、70年と生きていくことになります。では、

50年後の日本はどうなっているのか。それを今から考えておかなければならないと思います。どのような人口構成になっているのか。どういう産業構造なのか。どこでどうやって人々は暮らしているのか。そのことについて十分な想像力を駆使しないと、就活の最初の一歩さえ踏み出せないと思うんです。

若い頃に20歳くらい年上のビジネスマンとお話しした時に「僕らが大学出る時、一番人気のあった業種は何だかわかるか？」と訊かれたことがありました。その人は東大工学部卒だったのですが、１９５０年代の学生に一番人気があったのは「冶金（やきん）」だったそうです。「冶金」なんて言っても、今の学生さんたちはそれがどんな漢字で、どんな業種かもわからないでしょうね。鉱石から金属を取り出して精製加工することです。地面から自然資源を掘り出すことが日本の主要産業だった時代があったんです。

産業構造はそうやってどんどん変わります。造船や製鉄が花形産業だった時代があり、ゼネコンや総合商社や百貨店が花形だった時代があり、自動車やコンピュータが花形だった時代があり。今はＡＩやロボットや仮想通貨や仮想現実が経済を牽引していますけれども、これだっていつまで続くかわからない。世に「実学」と称されるものの多くは「一昔前だとよい給料になった仕事」のことです。

これから世の中は激変していきます。もう昔の成功体験はあまり参考になりません。自分の直感と想像力を駆使して、これから世界はどうなるのか、それをしっかり見つめて、自分の生きる道を見つけてください。

集中と分散を繰り返す中国

内田　実は急激な人口減を迎えるのは日本だけではありません。もっと危機的なのは韓国です。韓国は2020年の合計特殊出生率が0・84。日本は1・34ですから、少子化の度合いが比較になりません。何か対策を考えているのかなあと思うのですけど、あまり聞こえてきません。

中国も実は人口減を前にしています。あと数年で人口が14億人でピークアウトして、それから一気に減ります。生産年齢人口が今から20年ほどで1億人減り、代わりに65歳以上の高齢者が3億人以上増える。たいへんいびつな人口構成になります。中国の今の戦狼外交とか、台湾への軍事的恫喝とか、香港や新疆ウイグルへの弾圧などはおそらくこの人口動態上の危機を見越してのことだと思います。今が国力のピークで、このあとは人口減とともに国力が衰えていくことがわかっているので、力のあるうちにやれるだけのことをやっておこうとしている。そういうことだと思います。

日本ではあまり報道されなかったのですが、中国政府は今年（2021年）9月、教育政策を大転換して「双減政策（学習塾と宿題を減らす）」で過熱した受験競争の緩和に乗り出しました。

中国では科挙以来、ペーパーテストで勝ち残った一握りのエリートに政治権力も財力も文化資本もすべて集中させるという仕組みでした。今の中国でも、富裕層の子どもたちは学習塾に通い、家庭教師を付け、オンラインで海外の予備校の授業を受け……ということができる。科挙の時代とあまり変わりません。貧しい家の子どもはこの競争では圧倒的なハンデをこうむります。でも、貧富の差がストレートに学力差、学歴差、そして社会的地位の差に反映すると、今富裕層を形成している集団にすべてのリソースが集中してしまう。それは社会的流動性を深く損なうことになる。何よりも清朝末期の貧富格差、階層格差を打開するために孫文の時代から革命闘争をしてきたはずなのに、気がつけばまた昔と同じ社会になっていたというのではあれだけの犠牲を払って革命をした甲斐がない。

そこで政府が打ち出したのが学習塾の非営利化と宿題の制限です。たちまち大手予備校や学習塾が潰れてしまいました。今中国政府は親たち教師たちに「宿題を出すな、塾に行かせるな、家庭教師を雇うな。予備校のオンライン講義を受けさせるな」という圧力をかけています。日本では考えられないことですけど、これは人口減と関係があると思います。受験競争の「勝ち組」にリソースを集中させて、階層が固定化される社会では危機の時代に対応できないと指導部は気づいているのだと思います。

中国って、やることが極端ですよね。文化大革命の時にも知的階層への権限集中を暴力的に修正しようとした。もし「双減政策」が教育機会の平等化をめざしているのだとしたら、スケールの小さい文化大革命だと見なしてよいかと思います。

それと並行して、都市部への資源集中の解消も始まると思います。今は北京、上海、広州といった沿海部に資源が集中しています。人間も資本も情報も文化資本も都市部に集まり、内陸部はどんどん過疎化し、貧困化している。

先ほど申し上げたように、作為的に人口の過密地帯と過疎地帯をつくることは資本主義の基本です。19世紀英国の「囲い込み」以来、ずっとそうなんです。中国の資本主義も、都市部を人口過剰にし、農村部を過疎化することで発展してきました。でも、このモデルは右肩上がりの人口急増が前提になっています。

英国で「囲い込み」が行われて、地方で穏やかに生業を営んでいた農民たちが先祖伝来の土地を追い出されて都市へ移住することになったのは、19世紀の英国が100年間で人口が1100万人から3700万人まで3・4倍増えたからです。労働者に向かって「お前たちの替えなんかいくらでもいるのだ」と資本家が豪語できるためには、実際に「替えがいくらでもいる」だけの人口増が必要なのです。でも、この資本主義のモデルに限界がきた。

このまま都市部へ人口を集中させ、内陸部を過疎化するのか、人口を地方に分散させるか、その決断を中国政府は迫られていると思います。「都市への一極集中」か「地方への離散」か。中国の場合は「農村が都市を包囲する」という革命戦略で成功したという歴史的事実があるわけですから、「資源の都市一極集中／農村の過疎化・無住地化」という未来は、これもまた「革命をした甲斐がない」ことになる。資本主義を延命させるか、革命の大義に立ち戻るか、中国は今難しい選択を迫られています。

日本の人口減対策を政府はすでに決定しています。都市一極集中シナリオです。本来なら、資源の都市一極集中か地方離散かについては国民的な議論をして、合意形成をめざすべきなのですけれども、今の政府はそういう対話や合意形成のための努力をまったくしないまま、都市一極集中と地方の過疎化・無住地化政策をだらだらと続けています。僕はこの選択は必ず失敗すると思っています。

たしかに、作為的に過密地と過疎地をつくり出すことは資本主義の要請なのですから、資本主義を奉じている日本政府がそれに従うのは当然なのですけれど、その前提は人口増です。人口減の局面で、さらに過密地と過疎地を人為的につくり出した場合に何が起きるのか。それについては、歴史的に事例がありません。だから、何が起きるかわからない。誰も知らない。

なかなかここまで巨大な文明史的転換点に遭遇することはあまりありません。70年間生きてきましたけれども、ここまで決定的な分岐点に遭遇したのは初めてです。それほど人口動態は非常に大きな問題です。

教育で一番大事な「承認・歓待・懇願」

内田　第二の質問はこうでした。「自分の将来を早く決めたほうがいいと思いますか」。答えは「早く決めたほうがいい」という人のほうが多かったですけれども、これについての僕の意見は「早く決めるべきではない」ということです。この先、雇用環境がどう変わるか、予測がつかないからです。

アメリカではこれから先どういう職業が生き残り、どういう職業が消滅するのかという予測をきちんと連邦政府の労働統計局が発表しています。そういうところはとても正直な国です。それによると、雇用消失が目立つのが、金融、製造業。

証券大手のゴールドマン・サックスは2000年に600人のトレーダーがやっていた仕事を今は2人でやっているそうです。AIの導入が進んでいる職種では、急激に雇用が失われる。

その中で比較的安定しているだろうと予測されているのが、看護、介護と教育と行政です。これはAIやロボットによって代替されにくい職種です。

アメリカで将来雇用が増えると見込まれている職業トップ10の中の5つが医療・看護関係でした。看護師がトップです。たしかにこの仕事はロボットでは代替できない。看護師の仕事には、フィジカルな手当てだけではなく、患者の「生きる意欲」をかき立てて自己治癒力を高めるという仕事も含まれているからです。こういうのは患者一人ひとりでアプローチを変えないといけないものですから機械ではできない。複雑すぎてプログラムが書けない。

教育もそうです。今こうやって僕は画面に向かってしゃべっていて、それを何十人かが聴いているわけです。録画されていますから、オンデマンドでいつでも見られます。便利は便利ですけれども、一人ひとりの「学ぶ意欲」をかき立てるという仕事はリモートでは難しい。

学校教育で一番大事なことは「歓待する」ということだと思います。教室に入ってきた人たちに対して「ようこそ。あなたの席はここにあります。あなたの存在は固有名においても承認されています。あなたにはここに座って学ぶ権利があります。私はあなたがここで学ぶことを望んでいます」。そう告げることだと思います。歓待すること、承認すること、祝福すること。教育の本務はそれに尽くされると思います。

今不登校の子どもは20万人に達するそうです。僕の周りでももう不登校は珍しくありません。小学校中学校から不登校になり、高校に入ってから、あるいは大学に入ってから、ようやく学校に通えるようになったという話を聞きます。

不登校というのは要するに子どもたちが「自分が学校に歓待されていない」と感じるということですよね。そこに行っても自分のための場所がない、自分のことを固有名で認知してくれる人がいない、誰も自分に向かって「ここにいてほしい」と懇願してくれない……それでは学校に行く意欲は失われます。

教科を教えたり、試験で格付けをしたりするのは学校教育にとっては、はっきり言って副次的なことです。一番大切なことは子どもたちを迎え入れることです。子どもが学校にいること。子どもたちが学校にいることを自然に感じること。それが一番大事です。でも、今の学校はむしろ逆のことをしている。子どもたちに向かって、「これこれこういう条件を満たしたら、その席に座っていてもいい」と条件を課している。「この学習内容を理解したら教室にいてもいい」「この校則を守ったらいてもいい」。そして、その条件をしだいに吊り上げて、どんどん教室にいづらくしている。教師が突きつける課題をクリアできなければ、この教室にとどまることができないという恐怖心をばねにして、学力を向上させようとしている。まったく愚かなことだと思います。恐怖や不安を使って子どもたちの中に「学び」を起動させることなんかできるはずがない。

19世紀のアメリカでは義務教育の年間開校期間が8週間程度でした。農家の子どもたちは重要な労働力ですから農繁期は家の仕事を手伝います。農閑期に入る11月から春まで学校が開かれる。学校に通うのは年間でそれだけです。そんな短期間で何が教えられるのかと思う人がいると思いますが、本当に大事なのはその期間に子どもたちに詰め込める知識や技能ではありません。そうではなくて、学校が子どもたちに教えるのは、この世には「学校というシステム」が存在していて、望めばそこで多様な知識や技能を身につけることができる。さらに勉強を続けたいなら、さらに上級の教育機会があるという事実を教えることです。君たちは「学び」に開かれているという事実を教えることです。それを教え、学校というのは「楽しいところ」だと子どもたちが感じてくれるなら、年間8週間でも十分だ、と。当時の教育者たちはそう考えたのだと思います。僕はその基本姿勢は正しいと思う。

ですから、たぶん公教育が始まった時期の教師たちが子どもたちに向けた最初の言葉は「お願いだから、学校に来てくれ」だったと思います。来てもらわないと話が始まらないんですから。教師たちは子どもたちに向かって、「ここは君たちを歓待する場所である。ここには君たちのための席が用意してある。君たちが好きに使うことのできるリソースが用意してある。もっと勉強したいと思ったら、できる限り教える。上級の学校に行きたいと言うなら、そのための手立てを考える。だから、お願いだから学校に来てほしい」と必死で伝えようとしただろうと思います。

年間8週間くらいの授業で、たちまち読み書きができるようになるとか、四則計算ができるというようなことはなかったと思います。でも、それは副次的なことであって、一番大事なことは、家ではただの小さな労働者にすぎなかった子どもたちが、農繁期が終わって学校に行くと「戻って来てくれてありがとう。この春以来だね」と言って先生が歓待してくれる。その時に子どもたちは自分が家族の中の一労働力である以外に、社会の一員として、幼い市民として認知され、期待されているということを実感する。そのことが公教育の最大の目的だったと思います。子どもたちに家以外に自分の居場所があるということを伝えるためなら、年間8週間でも構わなかった。

公費を投じて学校をつくり、子どもたちを無償で教育するという「公教育」のアイディア自体はコンドルセやルソーらが18世紀のフランスで言い始めたものですが、実際に行政が公教育を整備したのはアメリカでした。でも、公教育の導入時点では、学校教育に公費を投じることに猛烈な反対がありました。教育を受けて、有用な知識や技能を身につけることは個人にとっては自己利益の増大につながる。そうであるなら「受益者負担」の原則に基づいて、学費は自分で支弁すべきである、とそう主張する人たちがいたのです。個人の自己利益の増大のために税金を投じるべきではない、と。

納税者は、自分たちは人一倍努力をしたことで税金を納めることができる身分になった。だから、自分の子どもたちは私立学校に通わせて高い教育を受けさせる。しかし、自分たちほど努力もせず、才能もなかったせいで貧乏でいる人々の子どもたちの教育になぜ私の税金を使うのか。学校教育というのは高額の商品である。それを購入できる人間だけが受けることができ、貧乏人はそれにアクセスすることができない。それがフェアネスというものだ、と。納税者たちはそう言い立てて、公教育の導入に反対したのでした。

おそらくこの言い分に今でもうっかり頷（うなず）いてしまう人が日本にもたくさんいると思います。でも、それは間違いです。「教育は高額の商品である」という前提が間違っているからです。

想像すればわかります。学校教育を受けることで人は自己利益を増大させるというのはたしかに事実です。学校でさまざまな知識や技能を身につけて、社会的上昇を果たし、しかるべき地位や収入を得るならば、その人はたしかに学校教育を経て自己利益の増大を果たした。でも、「受益者負担」だと言って、学校教育には税金は投じない、学校に行きたい人間はそれなりの金額の授業料を稼げる身になってから通えばよいということにしていたら、それから後のアメリカはどうなっていたでしょうか。子どもたちの多くは読み書きができず、四則計算もできず、歴史も地理も物理も化学も何も知らないまま大人になった。そしたら、アメリカは今も市民のほとんどが無学の「後進国」だったでしょう。学校教育の受益者は子どもたち個人ではなく、社会そのものなのだということに気づいていた人たちのおかげでアメリカは今日の繁栄を達成したのです。19世紀の時点で「学校教育は商品だ。学校教育の受益者は子ども個人だ」という思考で停止していたら、今日のアメリカは存在しなかった。それくらいのことは教育史をひもとけば誰でもわかるはずのことです。

学校教育で一番大切なことは何かという話をしているところでした。もう一度繰り返しますけれど、それは「子どもを学校に受け入れる」ということです。子どもたちを歓待し、承認し、祝福することです。自余のことはすべて副次的です。

学校は店舗であり、教科は商品であり、子どもたちは消費者だという市場経済のメタファーで教育を語る人間がたくさんいます。今の日本ではその人たちのほうが多数派かもしれません。でも、はっきり言いますけれど、その人たちは間違っています。そんな人たちの言うことを聞いて教育制度を設計したら、遠からず子どもたちはみな不幸になり、日本は後進国に転落する。不登校20万人という数字そのものが、このような教育思想の誤りを証し立てていると僕は思います。

「なんとなく」選んでみる

内田　知人の医療経済学者によると、今アメリカには、主な雇用の創出先が政府機関と病院と大学の三つという地方都市が結構あるのだそうです。連邦政府、州政府にはそこで働く公務員たちがいます。その家族がいて、彼らの生活と活動を支えるためにさまざまな経済活動が営まれる。大きな病院があると病院のスタッフ、患者の消費活動だけでなく、医薬品やリネンや食事を提供するビジネスが周辺に成り立ちます。大学があると教職員、学生、院生が生活するために下宿屋があり、本屋があり、映画館があり、カフェがあり、ライブハウスがあり……と学生生活のためのサービスが発生する。つまり、行政機関と病院と大学があるだけで、小さな都市なら経済的に自立できる。もしかすると、これがこれから先の雇用のひとつのモデルになるかもしれません。

どの業種が雇用を創り出すのかは時代とともに変化します。21世紀になって雇用が増えそうなのが、今挙げた医療と教育と行政の三つです。これから皆さんが生きる社会にはどういう職業の選択肢があるのか？　どういう専門的な技能や知識がこれから求められるのか？　そういうことについて考えるなら、あまり急いで将来のことを決めないほうがいいです。今のような雇用環境がこの先何十年も続くということはありません。これは断言できます。

ですから、進路を決める時は「なんとなく」でいいと思うんです。この技能や資格があれば生涯食いはぐれないというようなものはほとんどありません。だから、「なんとなくこの仕事がやりたい」くらいの弱い動機で選んで構わないと僕は思います。周りの人に「なんで？」って聞かれても「わからない」と答えて構わない。この「なんとなく」というのがとても大切だということは長く生きてきて骨身にしみています。

大学にいた頃、ゼミの面接の時に「これこれこういうことを研究したいです」と研究テーマを絞り込んで、どういう手順で研究するつもりかをさらさらと話せる学生はその後あまり勉強しませんでした。もう勉強の行程表ができているわけだから、あとはそれを塗りつぶしていくだけですので、「わくわくする」というようなことがない。そういう学生の書くものは総じて質が悪かったです。

逆に、なんとなく研究したいテーマはあるのだけれど、どうしてそのテーマを選んだのかうまく言えないという学生のほうが、のちのち「化ける」可能性が高い。なんとなくある主題で研究をしたい。「これまでどんな本を読んで来たの？」と訊いても「読んでません」というような学生はふつうなら「不勉強」と言って叱るところですけれど、僕はその「理由はわからないけれど、このテーマで研究したい気がする」というのはとても大切な手がかりだと思います。どうして自分は「こんなこと」について調べたい気になったのか、それは誰も教えてくれない。自分で考えるしかない。人が「天職」に出会うのはだいたいそういうものです。「なんとなく」「もののはずみで」「図らずも」就いた仕事が気がついたら生涯の仕事になっていた、というのはよくあることです。

僕は今、物書きと武道家で生計を立てていますけれども、「なろう」と思ってなったわけではありません。誰も読まない論文をなんとなく書き飛ばし、誰も呼んでいないのに道場にこつこつ通っているうちに、気がついたらそれが職業になっていた。行程表も予定も何もありません。それでいいと思うんです。

農業的な教育、工場的な教育

サコ　かなり挑発的なお話をいただきました。「なんとなく」という選択で、どこまで通じるかという問題もありますし、大学当局は就職率を上げたいと考えているので、難しいところですよね……。

結局、おっしゃったように、教育が産業化していることが問題だと思います。投資をするということ自体が資本主義のループに乗っかっているから、投資するからには利益を出さなきゃ、となりがちです。親は子どもに学費を払っている以上、やはり何者かにはなってほしいと思うものです。子どもが望んでいるのではなくて、親やスポンサーがそう願っているわけです。

でも、投資をしたからといって、すぐその結果が出なくてもいいというのが教育です。その人自身が成長する。あるいは、その人自身が自分を解放していくというのが教育の結果であって、その人がどこで就職していくら稼ぐというのとはまた別の成果です。そのことを大学側がどう理解するかというと、これもまた難しい。

というのは、たいへん淋しいことに最近は大学業界に「コンプライアンス」が叫ばれるようになっています。学生がクライアント（顧客）になった時点で、教師にも学生にもお互いに自由がないのです。本来は教師も学生も互いに自由に生きて、関わりあって、その相乗効果で一人ひとりが成長していく。しかもそれは均質ではなく、それぞれの成長でいい――しかし今、世の中がそうした関係を許さなくなってしまいました。

教育の自由は、なぜ失われてしまったのでしょうか。

内田　僕が学生の頃と今と比べて、教育制度が大きく変わったところはいくつかありますが、最大の変化は教育にお金がかかるようになったことです。僕は1970年に大学に入学しましたが、当時の国立大学の授業料は年間1万2000円。つまり月1000円でした。入学料は4000円でしたから、入学料と半期授業料で1万円札1枚で大学生になれた。もちろん、物価は今とだいぶ違いますけれども、それでもふつうの高校生なら1万円くらいの貯金は持っていました。だから、高校生が自分の手持ちのお金で大学生になることができた。

僕が大学1年の時にやっていた学習塾のバイトは時給500円でした。だから、2時間働くと大学の授業料が払えた勘定です。バイト仲間たちはほとんど自分で授業料を払っていました。親に仕送りしている学生さえいました。それぐらい大学の授業料が安かったんです。

授業料が安いこと、高度成長期だったのでいくらでもバイトがあったこと、それが60年代末にあれだけ学園紛争が荒れた理由のひとつだったと思います。だって、ちょっとバイトすれば、授業料が自分で払えたし、親元から離れて部屋を借りることができたんですから。子どもが何をしているのか、親にはわからない。勉強しているのか、デモに行っているのか、バイトしているのか、遊んでいるのか、親にはわからない。あまり言う人がいませんけれど、経済的に親に依存せずに、自由な学生生活を営めたということが、学生たちが政治的に過激化できたひとつの理由だったと思います。

だから、そのあとで文部省がいきなり国立大学の学費を3倍に上げてきたのは、統治する側としては政策的に正しかったのです。学生が親からの経済的自立を維持しようとしたら、それまでの何倍もの時間バイトしなければならなくなったからです。そうやって学生たちから自由時間を奪えば、学生運動は沈静化する。そう考えた人が当時の政府部内にはいたんでしょう。なかなか悪賢い人がいたものです。

高度成長期で、国庫には唸(うな)るほど税金が入って来ていた時代ですから、国立大学の授業料を月額1000円から3000円に増やすような必然性はどこにもなかった。むしろ国立大学の授業料を無償にすることだってできたはずです。でも、政府はそれをしたら学生たちがさらに自由に動き回って、学園紛争がさらに過激化すると考えた。だから、学生たちを経済的に追い込もうとした。知恵者がいたものです。学生自身もバイトしている間は政治活動はできませんし、親が授業料を負担するようになると、監視が厳しくなる。「ちゃんと学校に行っているのか。単位は取っているのか。卒業できるのか」と口うるさく子どもを監視するようになる。実際にそうなったんです。

「学費を値上げすると学生たちの政治活動が停滞する」という成功体験がその時点で政府部内に刷り込まれた。そして、以後ずっと学費値上げは続いています。学費を上げれば上げるほど学生は権力に対して従順で非活動的になるということがわかっているからです。今、国立大の初年度納付金は80万円を超えます。80万円の貯金を持っている高校生なんか、どこにもいません。親に出してもらうしかない。ということは、進路の選択の決定権を親が持つということです。本人の希望なんか関係ない。「金主」が子どもの進路を決める。だから、多くの子どもたちは「不本意入学」を余儀なくされる。だって、「天文学をやりたい」とか「インド哲学をやりたい」とか「考古学をやりたい」とかいう高校生にほいほいお金を出す親なんていませんから。

親にとってはこれは「教育投資」ですから、投資した金を迅速かつ確実に回収したい。だから子どもの希望とかかわりなく「実学」を学ばせようとするようになる。そうやって日本の学生たちはおとなしくなり、同時に学ぶ意欲を失った。たしかに政府にしてみたら学生たちが統制しやすくなってほっとしたでしょうけれども、その代償として大学から知的なイノベーションが生まれる条件が大きく殺がれた。

もうひとつ僕が学生の頃と今の大きな変化は、教育を語るメタファーが変わったことです。僕が子どもの頃の日本はまだなかば農業国でした。ですから「価値あるものを創り出す」仕事については、しばしば農業の比喩が用いられた。子どもたちは種子である。教師はそれを土に蒔いて、水や肥料をやる。太陽と土の恵みでやがて秋になると作物が実る。そういうイメージだった。農産物ですから、工業製品のような工程管理はできません。台風や洪水が来たら吹き飛ばされ、押し流される。日照りや長雨が続けば枯れるし、根腐れする。収穫期にどんなものが実るのかは、ほとんど「天任せ」でした。

そういうさぎよい諦めが学校教育にも伏流していたと思います。子どもを育てる工程を全部管理できるはずがない。だから秋になって何かが実ったら、どんなものであっても感謝していただく。それが学校教育の基本的な考え方でした。ですから、学校では本当によく植物的な比喩が使われました。学級通信の題名はたいてい「わかば」とか「つぼみ」とか「芽生え」とか、そういうものでした。無意識のうちに子どもたちは「植物のようなものだ」と教師も親も思っていたからでしょう。

でも、ある時期から学校教育で農業の用語や植物の比喩が使われなくなった。代わりに工場における工業製品生産の言葉づかいが学校に入り込んで来た。規格通りの材料を仕込んで、仕様書通りに加工して、ベルトコンベアーに乗せて、最終的に必要個数を納期までに完成させる。検品して、欠陥品をはじきだす。それが学校教育のイメージに取って代わった。これは劇的な変化だったと思います。

農業では人間が全工程を管理することはできません。でも、工業生産であればうまくすれば100%管理できる。日本社会の基幹産業が農業から工業にシフトして、農業が零細化するにつれて、学校教育を語る言葉も工学的なものになった。実際に「工程管理」とか「質保証」とかいう言葉が教育現場で使われるようになりました。

例えば、シラバスというのは、あれは工業製品の仕様書です。ある授業が、どういう素材で、どういう製法で、どういう工程を経て、服用するとどういう効能のあるものなのかを、授業を始める前に開示しなければならない。導入時には、シラバスは学生と学校の間の「契約書」なのだから、それに違反すると、学生の側から「期待していた製品ではなかった」として訴えられるリスクがあると言われました。

でも、相手は生身の人間です。僕たちは学校教育で缶詰や乾電池をつくっているわけじゃない。仕様書通り、工程表通りに、子どもたちを製品に仕上げることなんかできるわけないし、したくもない。前に「ゲリラ的」という言葉で教育を語りましたが、設計図通りに教育なんかできるはずがない。適当にやらなかったら無理なんですよ。

サコ　私は学長（当時）として、義務としてシラバスを書けと言わなくてはいけない立場なんですよね……。私は「工場長」ではなく、労働者としての一教員だった時は暴れていました。ゲリラ的な教育によって、学生たちは成長するわけです。「皆さん、晩ごはんをどうするの？」「焼肉食べたい」というやりとりの後、そのまま韓国へ行きましたからね。

でも自分が今、「工場長」になると……。ダメですよね。人間は非常に矛盾だらけの存在です。だからその矛盾の中で、何によって自由を得るのか。この矛盾を克服できないとすれば、それはある意味で社会的制約の中にずっと生きて、あるふるまいをしないと社会的存在として認められないということなのではないかなと思っています。

教育というのは、受ける側が自ら考えることが大事であるにもかかわらず、考える余地が与えられていないことが問題です。だからおっしゃったように、いくらスポンサーがいても、スポンサーは口を出すべきではない。本人が考えてどうしたいか、自分で選択肢を増やすことが、自分を自由にするのです。

今、教育の評価者が増えています。そこをどうやって、教育を受ける側を主体にするかということが重要なのではないかと思っています。

4章——自由にはある種の「毒」がある

〈編集部注〉本章は京都精華大学の講義「自由論」（2021年度）をもとにしています。

アメリカ合衆国が抱える矛盾と葛藤

サコ　内田先生には「自由論」の講義を7～8年間担当していただいて、いよいよ今回が客員教授としての最後の授業です。まずは内田先生にお話をいただいて、その後に私からいくつか質問をいたします。宜しくお願いいたします。

内田　最後の授業ということですので、皆さんにできるだけ刺激的な話をして、僕からの贈り物にしたいと思います。僕たちは自由というのを端的に「よいもの」というふうに考えていますけれども、実は自由はなかなか取り扱いにくいものです。それを痛感させる出来事が最近ありました。それは、2021年1月6日のアメリカ連邦議会議事堂へのトランプ支持派の乱入事件です。

あのニュースを見て、アメリカは本当に深い国民的分断を孕（はら）んだ国なのだなと思いました。日本で総理大臣が直前の選挙で多数派を制することができなかったのは「選挙が盗まれたからだ」と言って、支持者に向かって「これから国会議事堂に突撃！」と煽るなどということはまずあり得ませんよね。でも、アメリカではそれが起きた。

映像を見て驚いたのが、議事堂に乱入した人たちが堂々と顔をさらしていて、スマホでパシャパシャ自撮りをしていたことです。その動画や写真をSNSに上げていた。そういうことができるのは自分たちが違法行為をしているとは思っていなかったからです。自分たちはふつうのアメリカ市民であり、議事堂への乱入は正当な市民権の行使であると思っていた。なにしろ現役の大統領が「そうしろ」と言ったわけですから。非合法であるはずがない。市民には自分たちの市民的自由を制約する政府を廃絶する権利があるとアメリカ合衆国の独立宣言に明記してあるからです。

アメリカは独立戦争を戦って英国の植民地から主権国家になりました。ですから、市民には不当な政府の支配を否定する権利があるというのはアメリカ建国の基本にある考え方です。独立宣言には政府が市民たちの権利を損なうふるまいをした場合には、「人民には政府を改革し、あるいは廃絶し、新しい政府を立ち上げる権利がある」と明記してあります。市民たちの生命、自由、幸福追求の権利を阻害する政府は倒して構わない。

アメリカの英国からの独立と合衆国建国の正当性を基礎づけるためには、市民の武装権、抵抗権、革命権を認める必要があったのです。

でも、独立宣言から合衆国憲法の制定までには11年のタイムラグがあります。それはこの市民の武装権、抵抗権、革命権を憲法に明記してもよいのか、それについて合意ができなかったからです。英国からの独立を正当化するためには「市民には革命権がある」という原則は不可欠です。しかし、いざ国ができてしまうと、その根幹をなす憲法に「政府が不都合なら暴力的に倒す権利がアメリカ国民にはある」と堂々と書き込むわけにはいきません。そのせいで10年以上議論が続いた。

一方に市民的自由を何よりも重んじる人たちがいます。彼らはまさに自分たちは生命、自由、幸福追求の権利を「自然権」として有するということを根拠に独立戦争を戦い、合衆国を建国したわけです。ですから、国ができたからと言って、この国に対しては市民は革命権を持つことができないというと論理的に不整合になる。でも、さすがに独立宣言の文言をそのまま憲法に書き込むわけにはいかない。そこで憲法本文ではなく、憲法修正第1条と第2条に自由を保障するという文言を書き込むことにしました。

憲法修正第1条は、「信教の自由、言論出版の自由、人民が政府に請願する権利」を保障しています。「請願（petition）」というのは「抵抗権」「革命権」のだいぶ希釈された表現です。市民は政府に対して「もろもろの不都合の除去のために」、「平和裏に集会をする」権利があると修正第1条には書いてあります。「もろもろの不都合の除去（redress of grievances）」という場合の「不都合」とは何のことか、「除去」とはどういう手立てのことを指すのか、それはわかりません。そのために市民が結集することは許されていますが「平和裏に（peaceably）」という副詞がひとつ付いています。市民が集まって政府に向かって「非常に不都合を感じているから、どうにかしろ」と請願する権利はあるけれど、それは「平和裏に」行われなければならない。独立宣言にあった「抵抗権」「革命権」は、11年間の議論を経てここまで薄められることになったわけです。

その一方で、憲法修正第2条には「武装権」が残されました。アメリカの独立戦争における主力は義勇兵（militia）、武装した市民でした。一方、英国軍は国王の指揮下にある常備軍でした。王の私兵である英軍と武装した市民である植民地軍が戦って、武装した市民が勝利した。だから、武装した市民こそが軍の正統なあり方である、というのが合衆国建国の基礎にある「ストーリー」です。これだけは手離すわけにはいかない。それがアメリカでいまだに銃規制が進まない最大の理由です。

ほとんどの人はご存じないと思いますけれど、アメリカ合衆国憲法は常備軍の保持を禁止しています。もちろん今のアメリカは世界最大規模の常備軍を持っています。でも、これは厳密には憲法違反なのです。

憲法第1条8節は連邦議会の権限を規定した条項ですけれども、その12項には、議会は「陸軍を召集し、維持する」権限を持つと規定しています。でも、そのための歳出は2年を越えてはならない。つまり、陸軍は議会が必要と思った時に召集するものであって、必要な戦闘が終了したら、年度内に解散して、兵たちは市民生活に戻る。常備軍は持たない。それがアメリカの憲法の規定なのです。第15項には「連邦の法律を執行し、反乱を鎮圧し、侵略を撃退する」のがミリシアすなわち武装した市民であると明記されています。

1月6日の連邦議会のトランプ派の乱入を僕たち日本人は「暴徒が乱入した」というふうに理解しています。そして、「暴徒」を鎮圧するために「州兵」が動員されたという記事を読むと「州兵対暴徒」という歴然とした差があるように思います。でも、州兵も「暴徒」もどちらも主観的には「武装せる市民」なのです。「平和裏に」という条件には違背したけれども、トランプ派の人々は「不都合の除去」のために「集会する」という憲法修正第1条の権利を行使した。主観的にはそう思っていた。だから、平気でSNSに動画を上げた。

つまり、アメリカの統治原理そのもののうちには大きな矛盾が含まれているということです。武装する市民こそはアメリカの軍事的実力の本質であり、市民は自分たちの市民的自由を制約する政府に対して実力を以て「請願する」権利がある。トランプ派の行動はずいぶんと常識を踏み外したものではありますけれど、原理的にはアメリカの統治理念を実践している。これは僕たち日本人にはなかなか理解の及ばないことです。

でもその矛盾がアメリカの活力の源にもなっているのだと僕は思います。国も市民社会も個人も、簡単には解決のつかない葛藤を抱えているほうが成熟する。国の場合でしたら、すっきりした一枚岩の統治原理が貫徹している国よりも、統治原理のうちに矛盾を孕んでいる国のほうが活気があるし、失敗した時にも復元力がある。

常備軍を持ってはいけないという憲法がありながら常備軍を持っていること、市民たちに政府を覆す権利を（原理的には）認めていること。この葛藤につねに苦しんでいることがアメリカという国の強さの秘密ではないかと僕は思っています。

ドナルド・トランプに見る「リバタリアン」思想

内田　ですから、現代において「自由」を代表する人物はドナルド・トランプだと僕は思っています。彼はさまざまの政治的無理難題をつねに「自由」の名の下に要求しています。ですから、トランプに理論的に反論することはとても難しい。

彼はリバタリアン（libertarian）です。リバタリアンとは個人の自由を最大限に尊重し、要求し、公権力の市民生活への介入を最小限にしようとする人たちです。リバタリアンのふるまいで際立っているのは、「徴兵拒否」と「納税拒否」です。「徴兵に応じない」というのは「常備軍を持たない」という発想と同根のものです。「反乱を鎮圧し、侵略を撃退する」のは武装した市民の本務です。銃を取って立ち上がるかどうかは市民一人ひとりの自己決定に委ねられています。召集令状が来たら従わないと「非国民」と罵られるというのが「ふつう」だと僕たち日本人は思っていますが、アメリカはそうではありません。徴兵に応じるというのは、自分がいつ、どういう目的のために死ぬのか、その決定権を政府に委ねるということです。リバタリアンは自分の死に方は自分で決めるという考え方をします。ですから、徴兵を拒否する人を一概に卑怯だとか、平和主義者であるとかいうことはできない。リバタリアンはいつ、どういう仕方で「反乱を鎮圧し、侵略を撃退する」のかは、自分で決めると主張しているからです。必要があると自分で判断すれば、ただちに銃を取って、市民生活に別れを告げて、戦いに赴く。だが、それがいつ、どういう場合であるかは自分で決める。他人には指示されない。

アメリカ人の大好きなストーリーに「アラモ」の物語があります。テキサス独立のためにアラモの砦でメキシコ軍を相手に勇戦して死んだデイビー・クロケット大佐もジム・ボウイ大佐も典型的なアメリカン・ヒーローですが、彼らは誰に命令されたわけでも要請されたわけでもなく、自分の意思で戦地に向かって「侵略を撃退する」ために戦って死にます。そういう戦い方のほうが、徴兵されて、命令に従って戦死し、死に場所、死に方を自己決定できない死に方よりも「アメリカ人らしい」という考え方がアメリカには深く根付いている。日本人の考える「軍隊」や「兵士」についての概念ではなかなか理解が及びませんが、これがリバタリアンです。

もうひとつの「税金を払わない」というのもリバタリアンの特徴です。私財をどう使うかは自分で決める。自分の金の使い方について公権力に関与されたくない。だから税金は払わない。でも、それは、「私財は私的目的のためだけに使う」という意味ではありません。アメリカは寄附の文化が広く根付いていますけれど、これは「私財を公共的に用いる」ということです。そういうお金の使い方をする人がたくさんいる。私財をどう公共的に使うかは私が自分で決める。何が「公共の福祉」であるかは自分で決める。政治家や役人に決めてもらう必要はない。そういう考え方です。リバタリアンは納税をしない代わりに自分がどんなに経済的に困窮して路頭に迷っても公的支援は求めないと宣言します。路頭で野垂れ死にしても、それは自己責任である。そう言い切る。だから、リバタリアンは国民皆保険制度にも、社会福祉制度にも激しく反対します。

ドナルド・トランプは、このリバタリアンの二大特徴を備えた人です。トランプは4回徴兵されて、逃れています。でも、彼の徴兵拒否は卑怯ゆえでも、反戦思想ゆえでもたぶんない。彼はリバタリアンですから、徴兵拒否するのが当然なのです。2016年の大統領選の際、新聞がトランプは大富豪であるという触れ込みなのに連邦税をほとんど払っていなかったという事実を報道しました。その時、彼は「すべてのアメリカ人はいかに税金を払わないか工夫している。私はスマートなので、それに成功したのだ」と豪語して支持者から拍手喝采を受けました。

トランプは徴兵を拒否し、納税を拒否し、かつて一度も行政職に就いたことがありません。でも、アメリカ人はそういう人を大統領に選んだ。トランプのような生き方はアメリカ人にとってひとつのロールモデルだったからです。20年の大統領選でも、トランプは7421万票という、バイデンを除けば史上最多得票、オバマ元大統領をはるかに凌ぐ票数を獲得しました。それだけの数の人たちがトランプに何を期待したのか。トランプの政策によって実際に受益する人たちが投票するのはわかります。でも、例えば、ラストベルトの貧しい労働者たちはどうでしょうか。彼らは4年間のトランプ統治下でどれほど厚遇されたのか。むしろトランプの感染症対策の失敗でさらに貧しく、生活は苦しくなったはずです。しかし、その人たちの多くが今回もトランプに投票しました。それはトランプの行った政策が彼らの生活に大きな利益をもたらしたからではありません。トランプが体現するリバタリアン・イデオロギーに共感したからです。支持するかしないかを決定するのが、政策の当否のレベルではなく、個人の「生き方」のレベルにある。これはかなりすごいことだと思います。アメリカ人の約半数が、リバタリアン的な生き方に強い共感を抱いている。私権の行使を制限し、私財の一部を税金として徴収し、それを公共に供託して、社会秩序を維持し、平等を達成するのは「不当」だと考えている人が国民の半分いる。

「自由」と「平等」は食い合わせが悪い

内田　今回、連邦議会に乱入したトランプ派の人々は市民的自由を行使したつもりでした。自分たちの自由を侵害するような政府は「改革」したり、「廃絶」してもよいという独立宣言の趣旨に則って行動している、そう思っていたはずです。

同じロジックは左翼の側でも使われています。Black Lives Matter 運動の最中、市民に囲まれた警察が警察署から逃亡して、ある町の警察署が無人になったことがありました。その時、警察署に市民たちが入り込み、自警団を結成して、シームレスに治安維持業務を代行した。市民が警察機能を代行することに心理的抵抗がないということに僕はちょっと驚きました。でも、これはアメリカにおける司法機関のありようを考えれば当然なんです。判事も保安官もアメリカでは選挙で選ばれます。ふつうの市民が仲間から推されて司法執行官になると銃を取って犯罪者と戦う。任期が終わればふつうの市民に戻る。これは「武装する市民」が軍事的実力のあるべきかたちであるというアメリカの統治理念に照らせば当然の考え方なんです。日本ではちょっと考えられませんね。いくら警察官が横暴なふるまいをしたとしても、市民が警察署におしかけて警察署員を追い出し、代わりに自警団を組織して、地域の治安を守ろうという発想はまず出てこない。市民的自由という言葉は同じでも、その重さが日本とアメリカではまったく違う。

でも、自由を重く見ることで失われるものもあります。「自由」と最も相性が悪い統治理念とはなんでしょうか。ふつう「自由」の反対概念は何かといえば、「束縛」とか「抑圧」という言葉がまず思い浮かびます。でも、そんなものは統治理念にはなりません。「自由」とトレードオフの関係にあるのは、実は「平等」なのです。

近代市民社会を拓いたフランス革命では、「自由」「平等」「友愛」の三つが標語として掲げられました。ですから、僕たちはなんとなく「自由」と「平等」は双子のようなもの、一対の概念だと思っていますが、よくよく考えると自由と平等は両立しないものなのです。

全国民が等しく豊かで、健康で、文化的な生活を送れる社会を実現しようと思ったら、大きな権限を持っている私人の権限を限定し、富裕な人からは税金をたくさん取り、公権力、公共財を豊かにしておいて、その権力で社会的弱者を守り、その財で貧しい人を養うという仕組みをつくらなければなりません。私権を制限し、私財の一部を没収して、公共に供託するという過程を踏むことなしに平等の実現はできません。公権力が市民の生活に介入して、市民的自由の一部を制限することなしに、平等は達成され得ないということです。

南北戦争において、最大の論点は奴隷制の廃止でした。つまり「人種間平等の達成」が戦争目的だったわけです。そして、奴隷制を続けたいと主張する南部の人たちの自由意思を武力で沈黙させて、奴隷制を廃止した。武力的介入なしには、人種間平等は実現できなかった。でも、リンカーンは奴隷解放宣言を出しましたけれど、それで人種間の差別がなくなったわけではありません。それから公民権法ができるまでさらに100年かかり、それでも人種差別はなくなっていない。だからこそ Black Lives Matter 運動が起きる。

なぜアメリカでは人種間平等がなかなか実現しないのか。それは、人種の間には乗り越え難い差があるというイデオロギーのせいではありません。もちろん、そういうふうに考える「白人至上主義者」はいますけれども、人種間平等が実現しない最大の理由は、それが連邦政府の強い権限によって、ローカルな差別立法を廃絶することを必要とするからです。地方自治を連邦が毀損するという図式そのものに本能的な嫌悪を感じる人たちがいる。

1929年に大恐慌が起きたあとにフランクリン・ルーズベルト大統領がニューディール政策を行いました。市場に丸投げし、全国民が自由競争をして、勝者が総取りし、敗者が脱落していくことを続けていたら、多くの国民が職を失って路頭に迷うことになる。人々に最低限の生活を保障するためには大量の雇用を創出しなくてはならない。そこで連邦政府が公金を投じて、大規模な公共投資を行い、無理やり雇用を創出して、失業者たちを救った。結果的には成功しましたが、当時は「それは社会主義だ」「アメリカの建国理念に反する」という激しい批判がありました。

リベラリズムが生む差別

内田　なぜ、公権力が介入して平等を実現することに対してこれほど激しい反対があるのか。それは「平等の実現は政府の仕事ではない」という考え方があるからです。

独立宣言には、「万人は平等なものとして創造されており、万人は創造主から奪うことのできないいくつかの権利――生命、自由、幸福追求の権利――を賦与されている」と明記してあります。つまり、独立戦争や建国に先立って、すでに万人は神によって「平等なものとして創造されている」という話になっている。「生命、自由、幸福追求の権利」は政府が保障し、これを守らなくてはなりません。それを怠る政府は「改革、廃絶」されても文句は言えない。でも、「平等を実現せよ」とは憲法には書いていないのです。「平等の実現」は創造主の管轄であって、政府の義務でも市民の義務でもない。万人は平等なものとして創造されているのだから、そのあとの自由競争によって強者弱者、勝者敗者、富者貧者の差が生まれるのは、それは自己責任である。努力して力を得た人の力を削り取ったり、努力して金持ちになった人の金を奪い取るのはアンフェアである。そういう考え方が公認されているということが、アメリカにおいて「平等」がなかなか実現しない理由です。

新自由主義がコロナ被害を拡げた

内田 アメリカでは今も無保険者数が2750万人（2018年）います。保険に入っている場合でも、貧しい人たちは安いプランにしか入れないので、高額の医療は受けられない。先日「コロナで8週間入院したら、病院から1億2000万円の請求書が来た」という記事を読みました。本当だろうかと思って、アメリカから帰ってきたばかりの医師の友人に聞いたら「ICUに数週間入っていたら、1000万円くらいの請求が来るのはふつう」だと言われました。

アメリカでは、医療は高額の商品とみなされています。医療の受益者は患者本人です。ならば「受益者負担」の原則で、受益者が全額負担するのが当然だという考え方をする。でも、このような考え方をしている限り、感染症は根絶できない。

感染症の抑制のためには、医療の平等が必要です。全国民が等しく良質な医療を受けられるシステムがなければ感染症は抑制できません。アメリカのコロナ死者数はもう南北戦争の死者数60万人を超えました（２０２1年6月時点）。世界一の医療技術を持ち、世界最高の疾病予防センター（ＣＤＣ）もあるアメリカでこれだけの死者が出たのは、「全国民が平等に医療を受ける権利がある」という発想が忌避されてきたからです。

自由は「毒」を分泌している

内田　新自由主義はその言葉通り「自由」に過剰な価値を付与するイデオロギーでした。ですから、新自由主義が支配的なイデオロギーであった時代においては「平等」という原理はまったく顧みられなかった。新自由主義によって世界中で急激な貧富の格差が生じました。今、世界で最も富裕な8人の個人資産は、それ以外の36億人の資産と同額だそうです。この不均衡はかたくなに再分配を否定し続けてきたせいです。

公共セクターは民営化したほうが生産性は上がるし、管理コストが抑えられるし、経済も活性化する……という理屈で、それまで公共に供託されていた公共財を私財に付け替えるということが行われてきました。その結果できたのが今の社会です。格差が拡大し、社会的流動性は停滞し、知的なイノベーションは起きなくなった。

あまり使いたくない言葉ですが、これはやはり「自由の過剰」の帰結ではないかと僕は思います。自由はとても大切なものです。でも、自由は平等の実現を阻む。自由な社会ほど、社会的平等が遠のく。自由と平等はデモクラシーの基本原理ですが、この基本原理同士がうまく両立しないのです。自由を立てれば平等が立たず、平等を立てれば自由が立たない。そして困ったことに、どう考えても自由のほうが見た目もいいし、勢いがある。

強者の思想は華やかです。健康で、活動的で、創意工夫に富んだ人が勝者になるのですから当然です。でも、弱者というのはしばしば不健康で、非活動的で、定型的な考え方しかしない。だから、弱く、貧しく、病んでいる人は必死に平等を求め、強く、豊かで健康な人たちは当然のように自由を求めるという図式になる。強者の思想、勝者の思想、健常者の思想のほうが圧倒的に「見栄えがいい」のは当然です。平等をめざす思想は見た目がぱっとしない。世界中どこでも「平等」を求める左翼・リベラル勢力があまり魅力的に見えないのは、だから当然と言えば当然なのです。

自由には、ある種の毒性があります。自由は毒を分泌している。むろん、平等にも毒はあります。完全な平等を実現しようとしたのが共産主義です。私有財産を認めず、私権を認めず、すべては公共のものであり、公権力が社会生活のすべてを統制するという共産主義の仕組みは完全な平等の実現のためには「それしかない」手立てですけれども、歴史を見る限り、すべて失敗しました。公権力の行使者が権力を私的に用い、公共財の管理者がその財貨を自分の懐に入れるという誘惑に抗することができなかったからです。ふつうの人間たちには共産主義社会を運営できるほどの高い徳性を求めることはできません。

そこそこ自由でありかつそこそこ平等でもあるような社会を実現すること、僕たちが望み得るのはせいぜいそこまでです。そのためには「適度」な匙加減を選ばなくてはならない。アメリカではこの匙加減がなかなかうまくいかないでいるという話をここまでしてきました。今の中国の場合、自由も平等もどちらも実現していない国ですけれども、少なくとも出発点においては、毛沢東や周恩来は人民の完全な平等を実現しようとして革命を起こした。そして失敗した。

民主主義はその点がすぐれていると僕は思っています。民主主義は自由と平等という拮抗する原理を「二枚看板」として掲げているからです。これは静止的なものとしては決して両立しません。そのつどの歴史的条件の中で、それぞれの顔をちょっとずつ立てて、なんとか折り合いをつけなきゃいけない。そのためのエンドレスの工夫が必要な制度なのです。

自由の難しさというテーマで今日はお話ししました。僕からは以上です。

アメリカになくヨーロッパにある「友愛」

サコ　ありがとうございました。フランス的な国家システムには、自由と平等ともうひとつ、フラタルニテ、「友愛（博愛）」というのがあります。ポイントは、お互いを気にしあうということ。個人の存在は認めつつ、１００％個人が自由になることはできないという考え方です。

フランスは、公共の場で個人の文化を表現しすぎてはいけないという社会です。例えばイスラームの女性でも、スカーフをつけて学校に行くことはできません。公共の場では、共同体として合意形成されたふるまいをしましょうというのがフランス式です。そこは少し難しい。

　この公共性の捉え方については、日本はどちらかというと社会主義に近いと思います。極端なお金持ちも極端な貧乏人も生まない、中間層を増やしていこうという社会だし、税システムもそうなっていますよね。一方で、内田先生のおっしゃったアメリカ式のシステムでは、コロナ禍によって格差がより拡がりました。そのあたり、先生はどう見られていますか。

内田　今サコ先生がおっしゃった「友愛」「博愛」に相当する言葉は、アメリカでは独立宣言にも合衆国憲法にも出てきません。もしかすると、そこがヨーロッパとアメリカの違いではないかと思います。

　フランス人は、「自由、平等」の中を取り持つ第三項として「友愛」を持ってきた。自由と平等のそれぞれの顔を立てて、なんとか折り合いをつけるためには「そんなこと言っても、僕らは同胞じゃないか」と言って、対立を解消する第三のアクターが必要なのです。たぶんそうだと思います。

自由も平等も主導的な政治理念になり得ますが、友愛はなりません。「みんな仲間だ」というのはシステムを設計したり、ルールを制定したりする時の主導的理念にはなりません。でも、システム内部で対立や葛藤が生じて、深刻な社会的分断の危機に遭遇した時に、システムを復元するためには有用な理念だと思います。その点ではフランスの政治文化のほうが少し深みがあるのかもしれない。

フランスの最も小さい基礎自治体はコミューンです。コミューンはかつてのカトリックの教区が基になっています。町の中心に教会があり、広場をはさんで向かいに市庁舎がある。コミューンは100人規模の小さなものから、マルセイユのように100万人規模のものまでありますが、行政単位としてのステイタスは同じです。

このコミューンが共同体成員同士の「友愛」の制度的な基盤になっているのではないかと思います。フランスのコミューンは起源的には宗教共同体です。同じ教会で祈り、洗礼を受け、葬儀を行う人々がかたちづくった想像の共同体です。幻想的ではありますけれども、「自分たちはひとつの運命共同体だ」という一体感がなくては、自由で平等な社会は実現できないことをフランス人はわかっていた。

でも、アメリカには、ヨーロッパのコミューンに相当するものがありませんね。僕らはつい「欧米の民主主義」という言い方をしますが、アメリカとヨーロッパでは「友愛」という政治原理の重さがずいぶん違うように思います。アメリカでは自由と平等が拮抗していて、フランスでは拮抗する自由と平等の仲を取り持つ形で友愛が第三の統治理念として介入してくる。たぶん友愛が緩衝材的に機能している。

フランスでカトリック教区がコミューンの基本であり得るのは、フランスのコミューンが同一人種、同一宗教、同一言語、同一文化という高度の同質性を有しているからです。でも、移民の国であるアメリカでは、高度の同質性を持った集団が、ずっと昔からそこにあたかも自然物のように存在するということは起こりません。人種も言語も宗教も生活文化もそれぞれ違う多様な移民集団がつくり上げた国だからです。だから、やむなくエスニック・グループごとに集住して、固有の言葉づかいや食文化を維持しようとしていますが、これをヨーロッパにおけるコミューンと同じものに見立てることは難しいと思います。ヨーロッパにおけるコミューンの住民たちはその風土に深く結び付いていて、ここで生きるしかないという宿命によって結び付けられていますが、アメリカのエスニック・グループはそれに比べると暫定的な制度です。集団のアイデンティティが固有の風土と結び付いているわけではないから、社会的上昇を遂げたメンバーが集団を離脱して別の土地に移動することに特段の心理的抵抗がない。

フランスのデモクラシーの勘所はやはり「自由」「平等」「友愛」の「友愛」だと僕は思います。それは「私たち」の間には深い共通性があり、つながりがあるという身体的な実感を根拠にしたものです。共同体と個人の運命の間には相関があるという信憑抜きには「友愛」は成立しない。自分が努力すれば共同体そのものが豊かになる。自分が倫理的にふるまえば共同体の徳性も向上する。自分が知的に成熟すれば共同体の知的パフォーマンスも向上するという考えが「友愛」の基本になっている。

民主主義社会の成熟のためには、このような考え方がとても大切だと思いますけれども、これに類するアイディアが世界中どこにでも成り立つわけではないと思います。例えば、アメリカでは「高度の同質性に基礎づけられた友愛のコミューン」が実効的な政治単位となるということはたぶんないでしょう。「欧米民主主義」と言葉では言いますけれど、実際には深いところではずいぶんと違ったものだと僕は思います。

国民に格差ができると国力は衰える

内田　日本にはサコ先生のおっしゃるように、社会主義的な傾向があると思います。日本は200年間鎖国をしてきました。科学技術や商業はそれなりに発達していましたが、政治システムは封建制という前近代的のものだった。それが突然開国し、近代の国際社会に放り込まれていった。欧米の植民地にされてもおかしくなかった。

最も日本を植民地にする可能性が高かったのはアメリカだと思います。アメリカは19世紀以降、ハワイを植民地にし、米西戦争に勝利してキューバ、そしてフィリピンとグアムを獲得して、西太平洋の植民地化に強い野心を持っていました。あのままいけば、日本も植民地化される可能性はあった。でも、南北戦争の4年間、アメリカは海外進出ができなかった。そのわずかなタイムラグを利用して、英国とフランスの勢力均衡のあいまを縫って、日本は一気に近代化を果たしました。

1853年の黒船来航から1905年の日露戦争終結までのわずかな期間で一気に近代化を達成することができたのは、やはり国民一人ひとりが国の運命と個人の運命の間に相関があると感じたからだと思います。国力というのは、どれだけの資源を「総力」として動員できるかにかかっています。日本は小さな国で、ろくな産業もありませんでしたけれども、5000万人の日本人が、国の運命と自分の個人的な運命の間には相関があるという素朴な実感を抱いていた。日本が滅びれば自分たちの生活も失われる。自分が努力すれば日本の国力も増大する。自分の双肩に国の運命がかかっている。そういうある種の「関係妄想」を多くの国民が抱いていた。その幻想こそが国力の源泉なのです。いくら国庫にお金があっても、常備軍が強くても、それだけでは国力にならない。国民一人ひとりが自分の運命と国の運命の間に深いつながりを感じる時に初めて国は強くなる。

それを、司馬遼太郎は「坂の上の雲」と言ったわけです。国民全員が自分の運命と国の運命を結び付けていた。でも、そのためには社会的不平等があってはならない。国民全員が国の未来は「自分の双肩にかかっている」という幻想を抱くためには、現実に社会的平等が実現されていなければならない。封建時代のように、支配者と被支配者、富者と貧者が截然(せつぜん)と区分されていて、被支配者、貧者、社会的弱者には、国の未来についての決定権もないし、それゆえ責任もないということでは、「総力戦」は戦えない。

ですから、近代日本における政治改革のベクトルはつねに「平等の実現」に向かっていたと言えると思います。格差が生じると平等にしようとして改革が行われる。それが失敗して再び格差ができる。格差を是正しようとして改革がなされる。ずっとその繰り返しです。2・26事件や5・15事件のような太平洋戦争前の軍部の暴走も、見方によれば「平等の実現」をめざしていた。政治的意匠はそのつど違いますが、日本における政治的な変革運動の根本的な動機はつねに平等の実現です。特権階級を打破して平等を実現しようとした。昭和維新と同時期に左翼の運動も過激化しますが、これも目標は平等の実現です。右も左も、平等の実現をめざしていた。それは「国民に格差ができると国力が衰える」ということについては左右の別なく、幕末明治初年からの「刷り込み」があったからです。「国のことは権力や知恵や金を持っている連中が勝手にやればいい。俺たちには何の決定権もないのだから、何の責任もない」というような階層をつくり出してはいけない。全員が政策決定に関与し、その代わりリスクもとる。後進国だった日本が欧米列強に伍するためには、そうした幻想を育てることが必須だったわけです。

それがサコ先生のような外の人からは、社会主義のように見えるんだと思います。なぜ日本人はこんなに平等の実現に一生懸命なんだろう、と。でも、そうやって日本はある程度成功してきたのです。明治時代の近代化もそうですし、一億総火の玉になったあの戦争だって、国内では最も格差のない時代だったとも言えます。戦後の高度成長期の一億総中流も、国力の劇的成長とともに平等が実現した。つまり日本人の深層には「社会的平等を実現すると国力が向上する」という成功体験が刷り込まれている。

今、日本の国力はすごく衰えてきています。経済力も政治的発言力も文化的発信力もすべてが衰えている。それは社会的格差が広がり、国民が一丸となって社会的平等をめざすという勢いがないからだと思います。新自由主義が四半世紀にわたって支配的なイデオロギーであったせいで、一部の集団に権力・財貨・文化資本が排他的に集中し、国民の過半が弱く、貧しく、文化的に非生産的な停滞のうちにとどまっている。日本が衰えたのは平等の実現をあまりに怠ってきたことの帰結だと思います。

「友愛」と「親切」

サコ　おっしゃるように、今の社会は矛盾だらけですよね。個人の自由や権利を守ろうという個人主義がどんどん進んでいる。一方で、格差をよしとする新自由主義も広がっている。競争と格差をみんなが容認しているのが、日本社会の現状だと思います。

京都精華大学にも矛盾を感じるところはあります。私たちの卒業証書には、こんな文言が入っています。あなたがこの4年間、「友愛の精神を養い」と。精華大学は友愛の精神を大切にしながら、人間尊重と自由自治をモットーに掲げているのですが、これは矛盾してはいないでしょうか。友愛の精神を持っていたから卒業させます、と書かれた証書を渡しながら、いつも疑問が湧いてくるんです。友愛の精神ってどうやって確認するんだろうな、って。証書によると、「124以上の単位をとったあなたは友愛の精神を持っている」ということになるのですが。

自由自治を語って個人の自由を大切にし、人間として大切にして尊重しながら、フラタルニテ、友愛も大事にしたいと言ってしまっている。この精華大学の矛盾をどう思われますか？

内田　自由はすばらしいものですけれども、毒を分泌することもある。その自由の毒を緩和する装置が「友愛」だと思います。その友愛と自由自治を二つ並べた精華大学の建学者は、直感的にでしょうけれども、着眼点は正しいと思います。

ただ、友愛のほうが先行しているのがいかにも日本的です。欧米だったら、自由が先に来て、自由の毒を緩和するために友愛が後に来る。自分だけよければそれでいいってものではないだろう。周りのことも少しは気づかえ、という順番になる。でも、日本は「周りを気づかえ」、「集団の和」が先に来る。ヨーロッパ的な「友愛」が日本では「場の親密性」とか「集団の和」というものに矮小化される。そしてこれが自由に対して抑圧的に機能する。日本では何かというと「絆」とか「ワンチーム」とかいうことがうるさく言われますけれど、あれは「友愛」の堕落した形じゃないかと思います。自由の暴走を友愛が抑制するのではなくて、まず集団の和が過剰に求められ、それが個人の自由を抑圧する。そういうふうに順逆が転倒しているように見えます。

だから、「友愛」を「集団の和」というふうに機械的に読み替えることに僕は懐疑的なんです。そうではなくて、僕は「友愛」を個人的な「親切」というふうに読み替えたらいいんじゃないかと思っているんです。だから、僕は親切ということをとても大切に考えています。「人に親切にする」ということと「集団の和」を求めるとか「絆」や「一体感」を求めるということは別のことです。でも、親切で自由の暴走を抑制することはできる。

僕自身は個人的な自由が大好きな人間です。煩瑣（はんさ）なルールが嫌いで、「勝手にやらせてくれよ」という人なんですけれども、その一方で、対人関係における基本的なマナーとしては「人に親切」をめざしています。僕自身は別に親切な人間じゃないんです。非人情な人間です。でも、社会的態度として「親切」を心がけている。それは僕自身が日本人としては例外的に自由を強く希求している人間だからだと思います。僕の自由が分泌する毒を希釈し、緩和することが必要なんだけれど、それは「集団の和」だったり

「絆」だったりでは嫌なんです。それは必ず抑圧的になるから。でも、「親切」は自由の分泌する毒を希釈する力はあるけれども、抑圧的にはならない。だから、僕が集団に求めるのは「自由・平等・親切」なんです。

内輪にだけ通じる言葉を使うな

サコ　コロナ禍において日本の一度目の緊急事態宣言は海外からも成功したと評価されていますが、それに対して2回目の宣言は、あまり成功しているように見えませんでした。それはもしかしたら、先生がおっしゃるように、この間にも国力が落ちてきているからなのかもしれません。

日本人は、小さな矛盾は抱えながらも、政府に言われたことにほぼ従うというのがこれまでの傾向でしたが、今回は少し違っていました。若者たちも外に出ているし、時短営業に従わない店も出てきている。世界的に、国民国家のあり方自体が難しくなってきている昨今です。日本はその中でもかなり国家が大切にされてきた国でしたが、そこが弱くなるとすると、今後の国際社会における位置づけも難しくなる。その意味で、若い人たちはこれからどんな姿勢でいればいいのでしょうか。

精華大学の学生たちの多くは、表現者です。表現で世界に出ていこうとか、個人が動けば世界全体が活性化するとか伝えてきたものの、その世界とどうつながっていけばいいのか。日本でこれまで機能してきた国家というチャンネルが不安定で不確実になる中、どうしたらいいのか、悩んでいる若者は多いと思います。

内田 日本社会の中で自分がどう評価されているかを気にして、内輪のルールに合わせて、ドメスティックな格付けを上げても、そんなことには汎用性がない。日本国内でみんなが「ふつう」だと思ってやっていることも、一歩海外に出れば民族的奇習にすぎなかったということはしばしばある。若い人がそういうドメスティックな奇習に縛られて、思考の自由、行動の自由を損なわれているのは、困ったことだと思います。

サコ先生が先日、「コロナで授業がオンラインになったのはすばらしいチャンスだ」とおっしゃったことに僕はすごく胸を衝かれたんです。そう言われて、たしかに「こんなチャンスはない、世界中に発信すればいいじゃないか」と思いました。リモートでやる以上、京都でも東京でもソウルでも北京でもパリでも距離は関係ないわけですから。

だから、その時に、発信する以上、受信者が日本人だけであるという前提は採らないということに決めました。今僕は日本語で話しているわけですから、日本人の視聴者限定の話をしているかと思われるかもしれませんけれど、僕自身はいつでも画面の下に外国語字幕——中国語でも英語でもフランス語でも——が出て、世界各地の方が聞いていたとしても、それでも「理解できる」ように心がけて話しています。日本人にしか通用しない身内の語法では話さない。そもそも、対談相手のサコ先生がマリの人ですからね。サコ先生の価値観や論理形式にもきちんと伝わるものでなければ意味がありません。

リモートで発言する場合には、自分が何語で話していても、画面の下に英語字幕が出て世界10億人の英語話者が聴いている、中国語字幕が出て20億人の中国語話者が聴いている、そういう覚悟で発言すべきだと思います。オンライン授業の受講やコミュニケーションは、そういうふうにして「国際共通性のある話をする」上で良い訓練になると思います。

サコ　私たちはこれまで、既存の授業の仕方をそのままオンラインでやっていましたが、オンライン授業には独自の文法があるんですよね。

そこでちょっとおもしろい実験をしてみました。いろんな学術論文をGoogle translateに入れてみたのです。すると、どの言語にも正しく翻訳できる論文もあれば、できない論文もあった。日本のまわりくどい書き方のものは、まずダメでしたね。自分の表現するものを限られた人にだけでなく、広く発信していくためには、伝わりやすい文法、言語を意識していくことも重要だと思います。

内田 サコ先生はすごいですよね。日本語という外国語で授業をされているんですから。僕は今日しゃべったことをフランス語でやれと言われても絶対できません。サコ先生の国際性には本当に感服します。

ミッションと贈与の物語から生まれる共同体

サコ アフリカでは、「コロナパンデミックが起きて、初めて世界から平等に扱われた」と言う人が多くいました。コロナは強者であろうが弱者であろうが等しく誰もが感染する病気であり、だからこそ対応が難しい。ワクチンも、効力があるのはせいぜい10年だと言われています。そのこと自体にも、世界全体の危機を抑える人類の限界を感じます。

結局は、個人個人が世界の中に自らの立ち位置、居場所をどうつくっていくかが問題になるのだと思います。これからは共同体の基本形である地縁や血縁に基づく社会に戻るのではないかとも言われている。精華大学が謳う友愛の精神も、そうした地縁的共同体、共通ルールを守ることが重要になる共同体への示唆になっているのかもしれません。
先生から最後に、学生たちへのメッセージをいただければ。

内田　今、ゲゼルシャフト（Gesellschaft。学校や企業など、なんらかの目的のために結成された組織）とゲマインシャフト（Gemeinschaft。血縁や地縁など自然発生的な共同体）のことをおっしゃいましたが、もうひとつ、ゲノッセンシャフト（Genossenschaft）という集団があります。これは英語の「アソシエーション（association）」と同義のドイツ語です。生まれた瞬間から縛られる地縁結合共同体や血縁共同体とは違い、非常に親密でありながら個人の自由で任意に参加できる共同体のことです。

かつてのコミューンやコモンのような、ひとつの運命を共にするタイプの村落共同体をこれから再構築するのは難しいと思いますが、それに代わるものとして、「新しい公共」、「新しいコミューン」、「新しいゲノッセンシャフト」を21世紀の若者たちは手づくりしていく必要がある。出来合いのものはありませんから、手づくりするしかない。

この新しい共同体の基本は自由・平等・友愛なのですが、ただみんなが優しい気持ちで集えば共同体ができるかというと、そういうものではありません。共同体の成立には不可欠な条件がある。それは歴史を貫く「ミッション」の感覚です。

共同体を立ち上げ、維持することについて、自分たちには歴史的な使命が託されている、先人から受け継いだものを後続世代に手渡す、先人から贈与されたものをより豊かなものにして次の世代にパスする、そういう責務を負託されている。そういう歴史を貫いて継続する贈与—被贈与の「物語」抜きでは共同体は長期に存立することはできません。

学校がゲノッセンシャフトとして成立し得るのは、学校にはこのミッションと贈与の物語があるからです。ある理念を実現しようと願った建学者がいて、身銭を切って立ち上げた教育共同体です。そこで教える人も学ぶ人も、先人から受け継いだものを後の世代に伝えていく使命を託されている。だから仮に学校経営が単年度で採算が合わなくても簡単には潰すわけにいかない。自分たちが受け継いだ伝統は途絶えさせることなく、次世代に手渡さなければならない。そういう使命感が教育共同体を強靭なものにする。

僕は「凱風館」という道場共同体を個人で立ち上げたわけですけれども、この道場は僕が師から受け継いだ思想と技術を次世代に手渡すための場です。僕の師匠はそのまた師匠から思想と技術を受け継いだ。そのようにして連綿と受け継がれてきたものを僕は自分の門人たちに伝えていく。だから、別に採算が合わなくても、門人がゼロになっても、僕は道場を閉じません。身銭を切っても、誰も来ない道場に一人座ったままでも、道場を続けます。師からミッションを託され、それを途切れさせてはならないと信じているからです。

いつの時代でも、長く存続する可能性があるのは、そういう「タフなストーリー」を持つ共同体だろうと思います。この共同体に参加していると、自分にとって「いいこと」がありそうだからとか、「楽しい」からとかいう理由で共同体に参加する人たちは、わずかな不利益や不快が理由で簡単に共同体を離脱してしまう。そのほうが合理的なんだから当然です。ですから、自己利益や快不快を基準にして共同体への参与のあり方を決める人たちで構成された共同体は歴史の風雪には耐えられない。どのようなゲノッセンシャフトがあり得るか、それを考え、手づくりしていくのかは、21世紀を生きていく皆さん一人ひとりの課題だと思います。

サコ　ありがとうございました。先生のおっしゃる通り、これからの社会をどうしていくのかは、個々人に託されていると思います。かつての世代には自分が幸せならいいというところがありましたが、今の若い人たちは、社会は自分の肩にかかっているという使命感をすごく感じている。その意味での世代間の分断は大きいし、日本社会の課題だと思いますが、この分断を彼らの次の世代がどう超えていけるかが非常に重要です。

残念ながら、我々の世代は幸せな社会を築くことができなかった。それについては反省すべきだし、こんな社会にしてしまった責任は感じるべきです。自由や近代化を信じすぎたことも要因だったでしょう。これからの世代が、自らの創造性によってどう次につなげていくかを模索できるようにするのが、学校の目標のひとつでもあると思います。

講義（本書）を通じて「自由」とは何か、その答えを出すのではなく、「なんでやねん！」とつっこみながら、自らの中に問いを立てられるようになることをめざしています。まずは問いに気づくことが重要です。その問いへの答えは、個々人が見つけていくしかないのですから。

5章——君たちは「不自由な世界」をいかに生くべきか？

〈編集部注〉ここまでの各章は、サコ氏が学長当時に行われた講義や対談をもとにした記事でした。

本書を締めくくる5章はサコ氏の学長退任後、2022年9月に行った対談をもとにしています。二人の議論はサコ氏の学長経験をふまえたリーダー論、組織論から始まり、ロシアによるウクライナ侵攻を意識しながら、やがて日本が抱える無数の課題へと展開していきます。これからの時代を生きていく若い人たちはもちろんのこと、すべての日本に住む人びとに送るメッセージをご覧ください。

学長を経験して見えてきたニッポンの大学

サコ 「自由論」の講義（3章・4章を参照）を内田先生とご一緒して、先生の最大の魅力は自由さだと思いました。好きなことを言い、やりたい仕事をやっている先生こそ、私がめざす教員の姿だと思ったのです。

内田先生も理事を務められるなど学校運営にかかわってこられましたが、私が今のようにものを言えるようになったのは、学長という立場を経験したからです。私にとって学長というのは最終ゴールではなく、あくまでも手段でした。学長という視点で日本の教育を眺めることで、多くの課題や問題が見えてきた。そこに学長権限が加わり、いろいろなチャレンジを大胆にすることができたのだと思います。

大学がそれまで躊躇してきたチャレンジは、私の在任中に一通りやってみせた気がしています。二つの学部とプログラムの新設に踏み切り、10年間減り続けていた学生数を全員の力を合わせたおかげで増加させました。文科省の言うことをすべて聞いていては、大学改革など決してできません。文科省は大学が文科省のためにあると考えがちですが、大学は社会のためにあるという認識が大切です。自分たちが本当に信じるものに従うしか道はないのです。私がそのとき指針としたのは、この大学の基本理念でした。非常によい理念があるのに、誰もそれを活かそうとしていなかった。

日本という国は、さまざまな課題を抱えているにもかかわらず、すべてをただ先延ばしにしています。いつ爆発して崩壊するかもしれない状態がずっと続いている中で、命をなんとかつなぎとめるだけで、死ぬか生き残るかのチャレンジに賭けようとはしないのです。教育においても同じです。大学が気にしているのは、国内でのランキングにすぎません。これでは、学生たちは物足りなさを感じるだけでなく、どんどん不安になっていきます。学生主体と言いながら、自分たちが主体にはされていないことを、感じ取っているのです。

私は今年度（２０２２年度）から北海道大学の経営協議会の学外委員を務めているのですが、どんなテーマで話していても、どうすれば例えば東大のようになれるか、という話が出てくることもあり残念に思います。北海道という地域性に根差した独自性を発揮すれば、北大はもっとダイナミックな活動を展開できるし、それによって北海道の他の大学も活性化されると思うのですが。

アメリカのボストンを見てください。ワシントンやニューヨークをめざすのではなく、ボストンにある複数の大学がそれぞれ独自のチャレンジをしながら、お互いに影響し合っている。その結果、ハーバードだけでなく周辺の大学がすべて強くなっているのです。中央のことなんて、誰も考えていません。北大もそうした方向をとれるはずです。

京都という地域も同様です。京都には芸術系の大学が五つあります。芸術の重要性を信じるのなら、大学同士が手を組み、芸術の価値をはっきりと打ち出していくべきですが、お互いが遠慮し合い、小さなことにばかり無駄な時間とエネルギーを費やし、芸術を社会に浸透させようとしていません。これも、学長を経験したことで見えてきた問題点です。

何より、学生のための大学づくり、つまり学習者本人がどうすれば満足して学習や研究に取り組めるのか、日本の大学はあまりに考えていない気がしています。

教育現場にはびこる査定・評価・競争

内田　今のサコ先生のお言葉に僕は全面的に同意します。鍵になるのはやはり査定、評価、競争がもたらす弊害だと思います。

90年代になってからあらゆる領域で国力の衰えが見え始めた日本では、大学でも18歳人口が減って、生き残り競争が始まりました。でも、生き残り競争が始まってから、大学のレベルが低下し始めた。大学そのものの学術生産力も落ちたし、雇用条件も劣化したし、学生たちの満足度も降下した。競争させればさせるほど大学そのものの質が下がっていった。その事実とまっすぐ向き合うべきだと思います。

多くの人は生き残り競争させて、勝者に報酬を与え、敗者に処罰を与えれば、勝ち残る人の質は向上し、システムは効率化すると信じているようですけれど、これはまったく事実に反しています。たしかに世の中には競争させることでパフォーマンスが向上する活動もありますけれど、競争によって衰退する活動もある。そして、教育研究は競争とはなじまない活動です。でも、そのことを教育行政の担当者も多くの大学人も理解していない。

なぜ競争が教育研究にとってネガティブな効果しかもたらさないかと言うと、競争させて、点をつけて、厳密な格付けをするためには、「他の条件を同一にして」という前提がどうしても必要になるからです。厳密な査定を行うためには、その前段として比較されるものを規格化・定型化する必要がある。サッカーとフィギュアスケートと相撲のアスリートたちについては本来「誰が最も運動能力が高いか」を査定することはできません。できるはずがない。でも、どうしても査定しなければならないということになったら、同じことをやらせるしかない。例えば100メートル走をさせてそのタイムを「運動能力の指標」であるということにすれば、サッカー選手とフィギュアスケーターと力士を同じランキングで格付けすることができます。でも、そうやって算出した「運動能力スコア」に基づいて資源分配をするということになったら、おそらくみんな自分の専門のスポーツの練習時間を削ってでも100メートル走の練習をするようになるでしょう。そのせいで、本来の専門のパフォーマンスが著しく低下しても、100メートル走でよいタイムを出さないと「アスリート認定されない」リスクがあれば、そうするしかない。今、日本の大学でやっているのは、それに類することです。

分配する教育資源が乏しくなってきたので、競争させて、格付けして、そのランキングに基づいて資源を傾斜配分することにした。でも、厳正な格付けのためには全員に同じことをさせないといけない。全員に同じことをやらせて、「誰でもできることを他の人よりうまくできる者」に資源を集中することにした。その結果がこの惨憺たる現状です。

日本の学生の最も多くが受験しているのはTOEICだと思いますけれども、それはこのテストでは「誰でもできることを他の人よりうまくできる者とできない者」を数値的に差別化できるからです。英会話能力を上げることと自体はもちろんとてもよいことです。でも、TOEICのスコアを学力の指標とみなして、それに基づいて資源分配をするということにしたら、中国語やロシア語やアラビア語といった英語以外の言語を学ぶインセンティブは大きく損なわれます。

現実には、英語以外の外国語ができないとアクセスできない情報が多々あります。英会話能力ひとつをもって「外国語運用能力」とみなして、それに基づいて資源を分配するということになると、英語以外の外国語によるコミュニケーションや、英語以外の外国語を通じての知識へのアクセスは「やっても役に立たない」として事実上放棄される。それがどれほど日本人の知的成熟を害することになるか。それを考えれば、「外国語運用能力」について軽々に数値的な格付けを求めるべきではないということはわかるはずです。

文科省は大学淘汰の時代において「残るべき大学」と「滅びるべき大学」をわかりやすい仕方で差別化して「マーケット」に提示しなければならないと考えていました。だから、全大学に「同じこと」をさせようとした。そうすれば、「誰でもできること」を「うまくできている大学」と「あまりうまくできていない大学」を差別化できる。たしかに精密な格付けはできました。でも、その結果、日本中の大学が似たような顔つきになった。多様性を失ったというのは、学術的生産性という点から見たら致命的なことです。

査定・評価・競争に基づいて資源を傾斜配分すべきだというイデオロギーは大学のあらゆる制度に浸み込んでいます。教員同士も学生同士も相互に査定や評価をし合っているし、学生も査定されることに慣れ切っている。それがどのような弊害を学校教育にもたらしているか。そのことについてあまりにも危機感が希薄だと僕は思います。

ある時期から大学内でのハラスメントがしだいに悪質化してきました。特に大学院でのハラスメントが多い。理由はわかるんです。大学専任教員のポストはごくわずかです。だから院生たちに対して、教員は早い段階から「いくら研究しても、専任教員になれる可能性は低いのだから研究者になるのは諦めて、別の道を探したほうがいい」と忠告するようになる。大学院生だった時に教師から「君は研究者に向いてないから、他の仕事を探せ」と言われたことのない人って、ほとんどいないと思います。でも、教師のほうは「善意」で言っているつもりなんです。院生の将来のことを心配しているからこそ「お前は研究者に向いてない」と早めに伝えているのだ、と。「善意の忠告をしているのだ」という言い訳が通る。でも、そういう正当化ができる場合に、院生に屈辱感を与えることを抑制できる教師はきわめて少数です。口うるさく学生院生を査定し、わずかな瑕疵（かし）をあげつらって、彼らの学ぶ意欲を損ない、研究者への道から脱落させていくということが、「教育的配慮」という大義名分の下に日常的に行われている。いわば「アカデミック・ハラスメント」が制度的に行われている。

この「制度的な意地悪」が日本の大学をダメにしている一因だと僕は思います。学生たち一人ひとりの中にはそれぞれ多様な資質が眠っています。僕はそれを信じています。教師の仕事はその眠っている可能性を発見して、それが開花することを支援することのはずです。学生院生たちの中の「学び」を起動させること、それが教育の本当の目的だと思う。

「学び」が起動したあとに、彼らが大学教員になれるかどうか、プロの研究者として生きていけるかどうか、それはわかりません。でも、それは副次的なことだと思います。

僕自身がそうでしたが、僕が大学の専任教員になれたのは「もののはずみ」です。「お前は研究者に向いてない」と教師たちからは学生時代からずっと言われ続けていました。実際に大学院を出てからも8年間、教員公募には落ち続けました。32校目で神戸女学院大学に拾ってもらいましたけれど、それも本当に針の穴に糸を通すような例外的幸運のおかげです。

でも、僕は大学教員になっていなくても、他の仕事に就いていても、その後もフランスの哲学や文学の研究は続けていて、ときどき論文を書いたり、本を自費出版したりしていただろうと思います。だから、そういう在野の研究者を僕は「落ちこぼれ」だとみなすことができない。そういう人たちも学術研究集団のフルメンバーとして遇すべきだと思う。

研究したいという希望を持つ人に対しては、いつでも好きなだけ研究ができる環境の整備を公的に支援することができる社会、それが本当の意味で「知的な社会」だと思います。専任教員ポストには就けなかったけれども、別の仕事をしながらでも、自分の興味のある分野について研究を続け、ときどき論文を書いたり、学会発表をしたりする在野の研究者たちが大学教員数の10倍も20倍もいるというのは知的に豊穣な社会だと思います。

芸の世界では、一人の玄人が食っていくためには、数十人の「半玄人」が要ると言われます。玄人の芸がどれほどのものであるかは、自分自身が長期にわたり集中的な稽古をしてきたけれどもプロになれなかった者が一番よく知っています。そういう「目利き」の半玄人が一人のアーティストの数十倍いて、ことあるごとに芸について語り、その見どころを教えるという環境が整って初めて素人たちは芸の厚みや深さが理解できる。

芸にあこがれを持つ素人たちの裾野があってようやく芸が生業として成り立つ。それは学問の世界でも同じだと思うんです。

専門職の研究者がいて、その周囲に他の仕事をしながら研究をする「半玄人」たちが同心円状に拡がって、素人たちとの間を「架橋」する。そして、その研究がどれほど重要なものなのか、どういう価値を持つものなのかを「半玄人」たちが素人に説明する。そういう仕組みを持っていれば、専門的研究への理解が広まり、敬意が醸成され、研究に資源が投じられ、若い人たちがその分野をめざすようになる。

でも、今の日本はそうではありません。専任ポストを得た者以外には研究の機会が公的には与えられず、研究者として認知されない。専門家は専門家同士で内輪の語法で語るだけで、素人に向かって自分たちの研究の意義や重要性を説明するという手間を惜しむ。だから、その分野についての理解も進まないし、その分野に進みたいと切望する中高生も出てこない。

たしかに大学経営が危機的だから専任ポストがなかなか見つからないのは仕方がありません。それでも一度は研究者になりたいと思った人たちを使い捨てにすべきではないと思います。彼らがせっかく身につけた知識や技能をなんとか生かすべきです。でも、日本の大学院はそういう「プロの研究者になれたかもしれない人たち」のメンタルを深く傷つけて追い出すので、彼らの多くは学問への意欲を維持できない。二度とあんな世界には踏み入りたくないと思うほどに深いトラウマを負う人さえいる。僕はそれが日本社会に巨大な知的損失をもたらしていると思います。

サコ　私も日本の大学院に入った時、精神力を試されている、と感じました（笑）。京都精華大学の教員になったのも、指導教員の推薦がいらない唯一の大学だったからです。先生から推薦状をもらうのは、非常につらいハードルです。「お前が研究者かー」とずっとグチグチ言われるので、応募するのを諦めてしまう。大学院に入った途端、指導教員が神様のようになって、すべては先生の都合で動くことになるんです。それはやはり、研究を非常に狭く捉えているからだと思います。

日本の研究者の多くは、国外の学会でほとんど通用しません。批判的にものを見るトレーニングがされておらず、狭いところしか見ていないからです。人間を見る目もない、自分の研究を発表することしかできない人が大学の先生になっている。多くの大学のメインは学部教育ですが、18歳そこそこの若者たちは自ら研究をする段階には至っていません。どうやって知への関心を持たせるか、学問への興味を引き出す機会をいかにたくさんつくるかがむしろ重要です。

そこで私は、自分の経験を語ったり、外国へ連れていったりと、学生にさまざまな機会をそれこそゲリラ的に与えてきました。そうした場に参加することで、学生たちは多様なものに出会っていく。２０２２年に新設した校舎「明窓館」には、当初の計画で教室機能は持たせませんでした。教室というのは情報伝達の場所でしかありません。それよりも学生同士が偶然に出会い、おしゃべりをする中で化学反応が起きるような共有空間が今こそ必要だと思ったのです。

今の大学システムでは、私たちが理想とする教育はできないと感じています。評価項目が決まっていて独自性を出すのは難しいし、会社法が適用され、利益を生み出さなくてはならない組織になり下がってしまっている。人間の生き方や社会のあり方を模索する場であるべき大学が、それでいいのでしょうか。

文科省が大学間を競争させようということ自体は良いことだと思いますが、学生はそれより自ら適切な大学を選べばいいと思います。

もうひとつの問題は、大学が人の見方を狭い範囲でパッケージ化していることです。例えば、フランス語は苦手だったけれど1年間勉強して言語構造がわかったことで、別の言語が得意になることもある。それならそこを評価してあげればいいのに、「ああ、君はTOEICの点数が低い」となってしまう。

ある時、頑張っているのにTOEICの点数が驚くほど低い学生がいました。その学生を切り捨てるべきか悩んだ挙句、思い切って半年間インドネシアへの長期フィールドワークを許可しました。するとその学生はインドネシア語を見事に習得し、プレゼンをこなせるほどまでになったのです。TOEICの点数だけで学生を「語学のできない人」と切り捨てていたら、この才能に気付くことはなかったでしょう。見極めは難しいですが、ひとつのことがうまくいかないからといってすべてがダメと判断するのではなく、もっといろいろなことに学生がチャレンジできる機会をつくるのが、教育現場のすべきことです。

私は小学校で講演する時、「Ｎａｓｕｂｉ　Ｔａｋｏ（ナスビ・タコ）」と名乗っているのですが（笑）、あるとき低学年の子が「ナスビ先生は、なんで黒いの？」と聞いてきました。「テニス焼けや」と答えると、その子は考え込んでいる。「うちのお父さんもテニスやっているけど、こんなんちゃうなあ」と言うから、「君のお父さんはまだまだ甘い」と言ってやる（笑）。そんなふうに会話を続けているうちに、その子は「どうやらテニス焼けだけではなさそうだ。こういう人種がいるんだな」と気づくんです。ここで重要なのは、私が彼の好奇心を引き出しているだけで、答えを教えていないことです。日本の教育は常に、答えを求めることばかりで、子ども自身が問いを立てるようなトレーニングをしません。だから答えがない状況に出くわすと行き詰まってしまう。でも、選択肢はたくさんあるはずです。この道がダメならあの道も、その道もある。

「なぜ黒いの？」という問いに対しても、私は「そんなふうに聞いたらあかんで」とは言いません。彼がそれをタブーだと思わないよう、素直に問いを追求できるよう導いていく。そうしたトレーニングを幼い頃からしていないから、大きくなるに従って自分の問いが出せなくなり、答えばかり気にするようになる。答えの出せない自分が悪い、と小さくなっていくのです。

多様性や個性が大事だと口では言いながら、その「個性」という言葉によって人々を不自由にしているのが、日本の教育です。小さな頃から気になることはなんでも聞けばいいいし、大人も対応すればいいんです。大人の側が自信をなくしているから排他的な姿勢になり、若い人を束縛してしまっているのかもしれませんが。

モノトーンな日本のアカデミア

内田　たくさんの論点をいただき、ありがとうございます。多様性に対して研究者たちが非寛容になっているということ、これが僕は本当に気になるんです。

僕は若い研究者からはあまり評判がよくないんです。先日、40代の学者と話していたら、学会の後の飲み会で僕の話題が出たと教えてくれました。「内田さん、めちゃ評判悪かったですよ」と教えてもらいました。興味が湧いたので、「どこがいけないの」と訊いたら「ひとつの専門に徹さず、いろんなことに手を出しているのがいけない」ということでした。

どうも、今の若い人たちは、学者というのはひとつの専門分野に決めて、そこでこつこつと業績を積み上げてゆくべきもので、あっちのフィールド、こっちのフィールドをふらふらして好き勝手なことを言っているのはけしからんというふうに考えているみたいです。

でも、そんなこと言われても困るんですよ。僕は自分の知的好奇心に従っているだけなんですから。「専門が何か」を確定することよりも、好奇心を満たすことが僕の場合は優先する。当然ですよね。知りたいことがある、調べたいことがある。だから勉強する。お前はこの分野の専門家なのだから、この分野のことだけして、他の分野のことは勉強するなと言われても困る。

でも、わかるんです。若い人たちが僕のやり方を気に入らないのは。僕みたいなことをしていると、外からは格付けができないんです。僕がどの程度の学者かわからない。本来は学会内部的なランキングが開示されるので、そのランキングにふさわしい敬意や待遇を得るべきだと考えると、「何の専門家かわからない学者」は処遇に困るんです。

サコ　おっしゃること、すごくよくわかります。私も、建築という専門分野はもちろんありますが、そのベースに固執せず、むしろ別の分野から建築がどう見えるかを常に考えています。

今度、近畿建築士会協議会70周年記念の会で基調講演をするのですが、私は通常ならまだそうした場に呼ばれる年齢ではありません。でも、建築に軸足を置きながら外の視点も持っている稀有な人材ということで、会長が「その視点が絶対に必要だから」と、直々に依頼してくれた。建築だけをずっとやっていたのでは、決して評価されていなかったでしょう。「君のレベルはまだ足りない」「君にはまだ早い」と言われ続けていたはずです。多くの研究者が苦しんでいるのが、そこなんです。あの先生がいる限り、前に進めない、と。専門分野と並行して別のこともやっていれば、もっと視界が開けるのですが、王道から外れるのが怖くてほとんどの人は踏み出せない。

自分の居場所の見つけ方

内田　これは数学者のポアンカレが言っていることなんですけれど、「知性の働きは違うところにあるものが実は同じものだと気づくことにある」そうです。そして、両者の距離が離れているほどその発見は生産的なものになる。「あれって、これじゃん」という気づきのことですね。僕は極端な言い方をすると、この「あれって、これじゃん」という発見にしか興味がないんです。まったく別の領域で、別の文脈にあるものが、実は「同じ」だと直感した時の喜びって、他の経験では代え難いから。

僕は25歳の時に合気道の多田宏先生の道場に入門して、20代の終わりからエマニュエル・レヴィナスの哲学研究を始めるのですけれど、その時にレヴィナスが書いていることと多田先生が道場で言われていることは「同じ」だと直感した。でも、どこが「同じ」なのか、それが言葉にできない。哲学と武道ですからね、まったく関係がなさそうなんですけれど、僕は「同じもの」を感じた。それから10年間はほぼ毎日昼間はレヴィナスの翻訳をしたり論文を書いて、夕方になると合気道の道場に通うという判で捺したような生活をしていました。僕が夕方になると大学院の読書会とか研究会とかあっても途中で退席するので、ある日指導教官から「内田はそんなに自分の健康が大事なのか。なぜ寝食を忘れて研究に打ち込まないのか」と叱られたことがあります。でも、それは違うんですよ。僕は別に健康のためにやっているわけじゃなくて、レヴィナス哲学と多田先生の合気道のどこが「同じ」なのかを知ろうとして「研究」していたんです。その時にはその「同じ」であることを指導教官に言葉では説明できなかった。さすがに今ではレヴィナスの哲学用語を使って武道の術理を説明したり、武道用語を使ってレヴィナスの哲学概念を言い換えたりというような「往き来」がかなり自由にできるようになってきました。そこまで来るのに30年以上かかりました。ですから、20代ではうまく言葉にできなかったのは当然なんです。

でも、このまったく無縁の二つのものを同時に研究してきたことは僕にとっては本当に良いことだったと思います。哲学だけを研究していたらきっとどこかで息切れして止めていたでしょうし、武道だけ稽古していても僕程度の身体能力ではごく凡庸な武道家で終わったと思います。さいわい二つのことを同時にやっていたおかげで哲学者としても武道家としてもたいへんに楽しく専門の研究を続けることができた。

ひとつことではたいしたことないけど、二つのことを同時にやっていると、それができるのが「世界で一人だけ」ということってあるんですよ。これはずいぶん前の話ですが、「機動戦士ガンダム」で有名な漫画家の安彦良和さんから「会って話を聞きたい」という連絡をいただいたことがあります。僕なんかに何を聞きたいんだろうと不思議に思ったのですが、当時安彦さんは1930年代の満洲の建国大学を舞台にした『虹色のトロツキー』という漫画作品を描かれていて、その中に、ユダヤ人を満洲に入植させ、ユダヤのホームランドをつくるという計画についてのエピソードが出てきた。そして物語の登場人物の一人が合気道開祖植芝盛平（うえしばもりへい）先生だった。安彦さんは「ユダヤ人問題と合気道の両方に詳しい人」に話を聞きたいと思っていた。そして、僕を見つけた。たしかに、ユダヤ人問題について僕より詳しい人は日本に何百人もいますし、僕以上にきちんと植芝先生について語れる人だって何千人もいる。でも、「ユダヤ人問題と合気道両方について詳しい人間」という条件で検索をかけるとおそらく日本では僕一人しかヒットしない。

ひとつのことを一所懸命突き詰めるのも大事ですが、複数の分野について専門的知見を有しているというのも研究者の能力として認定してよいと思うんです。それはたしかに単一領域でのランキングにはなじみませんけれども、複数の領域をクロスさせないとわからないことだってある。そういう場合には「何が専門かわからない人間」が役に立つことだってあると思うんです。

サコ　おっしゃる通りです。先日も、修士時代からお世話になっている、町家研究のスペシャリストの先生が私に講演依頼をくれたんです。先生のほうが詳しいのになぜ私に、と恐縮したのですが、彼は「自分は空間については極めたけれど、多様な文化やコミュニティのあり方をそこに描くことができなかった」というんです。専門家としてモノフレームであって、マルチフレームな専門家にはなれなかったと。

物事を多角的に見る力を養いたければ、自分の知的好奇心に頼るしかないのですが、大抵は「違うことをやったら論文が弱くなるんじゃないか」「学会で評価されないのでは」「バッシングされたらどうしよう」と、周囲の評価に振り回されて怖くなってしまう。それは、自分の居場所がその分野にしかないと思い込んでいるからですよね。本当はいろんな選択肢があるのに、あえてそれを取りにいこうとしない。これが日本社会を息苦しくしていると思います。

私は先日パリから帰ってきたのですが、成田空港に到着したとき驚きました。自分のマインドが日本に着いた途端、変化したからです。フランスではもうマスクはつけたい人はつけるけど、つけなくてもいいという感じなのですが、日本ではみんなに見られるからマスクつけなきゃ、となる。自分の意思より周りからの評価を優先する。このマインドはマスクに限りません。世間のために自分をつくってしまう。だからいつまでたっても世間の束縛から逃れられず、いつか潰されてしまう。学者ならその悪循環から抜け出すべきなのですが、居場所を失いたくなくて抜けきれない。

ランキングでがんじがらめ

内田　フランスに行くと、どうしてフランス人てあんなに同調する気がないんだろうと思いますね（笑）。8月末になるとパリはもう秋で、朝晩寒いけれど昼間はまだ暑い。そういうとき毛皮のコートを着たおばちゃんと半ズボンにゴム草履の兄ちゃんが並んでお喋りしたりしている。これ、日本では絶対にお目にかからない光景ですよね。日本では周りを見て着るべき服を決める。初秋なら朝夕は薄手のジャケットを着て、昼間は脱いで手に持つというあたりで全員が足並みを揃える。でも、パリでは夏でも寒がりな人は毛皮を着るし、冬でも暑いと思った人は半袖で通す。それは子どもの頃から、自分の体感、自分にとっての快／不快を基礎にして着るものを選ぶと教えられているからですね。

もちろん、周囲と合わせてある種の調和を達成しようと気づかう日本のやり方は、それはそれで固有の文化的美質だと思います。でも問題は、そのとき強い抑圧がかかることです。初夏になったら絶対に単衣(ひとえ)に衣替えして袷(あわせ)はもう着てはいけない。秋になって麻や絽(ろ)の着物を着ている人を見ると「あり得ない」と言って眉をひそめる。そういう縛りがあります。自分の身体実感よりも「決まり」が優先する。

サコ　来日当初、そのランキングがわからなくて苦労しました。みんな私がどの枠に入るのかを探ろうとするんですよね。まずは血液型です。「サコのこの行動はB型っぽいな」とか。その次は、干支です。日本人同士なら好きなテレビ番組や漫画という枠もあるのですが、私の場合はそれが通用しないので。その次は出身高校と大学です。それも私の場合、やりにくかったようですが……（笑）。おもしろいですよね。

こんなこともありました。私がある学生をすごく叱っていたら、同僚が来て「そうか……あの子は灘高校出身なんだけどな」と言うんです。どの高校出身かなんて、知らんがな、って（笑）。私が今やれと言ったことがまったくできていないし、やろうともしていないから叱ったのであり、出身高校は関係ない。でも灘高校出身ということは能力があるはずだから、今できていなくてもやればできると期待し、許されるのです。これには本当に驚きましたね。

私が学長としていろいろな改革ができたのも、私がそもそもフレームから外れていたために、周囲がどう期待すればいいかわからず放っておいてくれたからでしょう。私も自分に期待される枠がわかっていれば、それに沿うようにしていたかもしれませんが、なかったからこそ好きなことができたのだと思います。

内田　この間、感染症の専門家で神戸大学医学部の岩田健太郎教授と対談した時、日本型の組織のどこが問題なのかという話になりました。岩田さんはアメリカ、中国、アフリカなど世界中で仕事をしてきた人です。以前シエラレオネでエボラ出血熱が流行した時には国際的な医療チームの一員として現場に派遣された。現地ではWHO（国際保健機関）や「国境なき医師団」など、さまざまな組織から来たメンバーが混成部隊を形成して、指定された集落に行って、診療所を立ち上げる。みんなお互いのことを知らない。

だから、チームができてまず聞かれるのは、「君は何ができる人？」ということだそうです。診療所を建てられる人、車が運転できる人、発電機が直せる人……などなど、医療活動に必要なジョブについて、誰が何をできるかをまず確認し、それから手分けして仕事に取りかかる。

そういう経験がある岩田さんが、日本国内の災害現場に行って、医療活動を始めようとした時に驚いたのは、最初に「君は誰だ？」から話が始まるということだったそうです。最初にまず職種を訊かれる。医師か看護師か薬剤師か。医師だとわかると、次は出身大学と卒業年次とどこの医局にいたかを訊かれる。目の前に緊急を要する医療活動があるにもかかわらず、仕事に取りかかるより先に「誰が目上で、誰が目下か。誰には敬語を使い、誰にはため口でいいか」をまず確定しようとする。

サコ　災害現場や緊急の医療現場には、あらゆる仕事があります。水を運ぶだけでもすごく役に立つようなところで、立場を確認したって意味がありませんよね。

内田　岩田さんはコロナ感染初期に多くの感染者を出したあのダイヤモンド・プリンセスにも頼まれて現場に行ってます。行ったら、感染症の専門家が一人もいなかった。だから、「感染症の専門家として助言しますので、私の指示に従ってください」と言った。

それが彼のジョブなんだから当然です。でも、岩田さんが指示を出し始めたら「お前は誰だ」と厚労政務官かなんかをしている国会議員がやってきて、「ここで指示を出すのは俺だ。お前は黙っていろ」と言って追い出されてしまった。感染症という事態にどう対処すべきかという実際的な問題に取り組むことよりも、「誰がボスか」を確認することを優先させたわけです。その結果、ダイヤモンド・プリンセスでは感染が拡大し、そのあと下船した人たちからも感染が広がった。あの人たちは日本的なシステムの犠牲になったというべきだと思います。

リーダー不在？　新世代の組織体

内田　この上下関係を最優先するという組織のあり方はさすがにそろそろ終わりじゃないかと思います。最近新しいことを始めた集団では、特にリーダーシップを求めないという傾向があるように思います。ボトムアップ型の合意形成をして組織や運動をつくっているという印象がしますけど。

サコ　私も最近、人々の当事者意識が高くなり、組織がコモンズ型に変わってきていると感じています。かつての日本は、上に強い人がいて、その人の指示によって人々が動くというところがありましたが、誰もが当事者として話し合いながら社会をつくっていこうとする風潮が出てきている。これは日本に限らず、世界的な傾向です。

フランスで2018年から断続的に行われている政府への抗議運動「イエローベスト運動」も、そのひとつです。マクロン大統領にとって一番厄介だったのは、リーダーが誰かわからないこと（笑）。話し合いができないんです。誰が指示するともなく、朝になるとみんなが集まり、その場で役割が決まっていく。

従来の運動では、リーダーといいながら裏でまったく別の顔をしている人もいて、振り回されることがよくありました。でも今の運動に参加している人には、トップになるよりプロセスに参加したいという当事者意識の強い人が多い。

私も「自分はプロの学長じゃない」という意識があったので、学長に選ばれた時には学生も教員も職員も、みんなに学校づくりのプロセスに参加してほしい、みんなで話し合ってやっていきましょうと呼びかけていました。それでも日本人というのはどうしてもリーダーをつくりたがるもので、任期中に何かを達成すれば常に「サコ学長の強いリーダーシップで」と言われ、みんなで進めたはずの決定ごとに不満のある人は「サコが決めたせいだ」と反発します。それは言われて動いたことしかないからです。言われれば動くけど、言われなければ動かない。うまくいかないのはリーダーの指示が悪いせい。どう動けばいいか自分で考えようとしないのです。

でも実は、今の若い人たちには私のこの感覚が通じるんです。まさに世代間ギャップです。指示がないと動けないのはある世代以上の人たちで、若い人たちは話し合って動くことに慣れている。コモンズの精神は今戻ってきているように感じます。というのも、今の若い人たちは変わる必要性を強く感じているからです。これまで信じてきた強い日本神話は崩れ去り、これから先の日本はまったく違う様相を呈してきます。人口は減り、国力も経済力も弱体化する。周辺国のほうが経済力はずっと上になっている。これからの新しい日本は、強いリーダーシップに任せるのではなく、みんなでつくっていくしかないのです。

そしてこの「みんな」にはいろんな人が含まれてきます。日本ほど国籍とアイデンティティが一致している国は、世界に例がありません。私の出身国マリにはいろんな民族がいるので、国籍とアイデンティティは別物です。日本では日本国籍＝単一民族＝アイデンティティで語ろうとする人が多くて信じてもらえないのですが、私の国籍は日本なんですよ（笑）。アメリカだって、いろんなアイデンティティの人が国の中に混在しています。日本も今後はそのような形にシフトしていきますから、発想を転換しなくてはいけません。そのことを最もスムーズに受け入れられるのが、若い人たちだと思います。一定の年齢以上の人は、フレームを崩せないし、認めないんですよね。日本はあくまでも単一民族、同質な人たちであり、その中でしかランキングが成り立たないと思っている。でもその神話は、もう崩れ始めているのです。

当事者としてこの国に責任を持つということ

サコ　若者たちは、今この日本で自分の人生を支え切れるのか、大きなジレンマを抱えています。かつてはその不安も観念的でしたが、今となっては急速に進む円安や物価高で、国力の低下が具体的に目に見えてきている。みんな不安で仕方がないんです。これまで経済的に見下していた中国や韓国の留学生が堂々とお金を使っている傍らで、みんな小さくなって自信を失っている。社会の構造自体が変わっていないので、声を上げる勇気は出ないし、声を上げてバッシングされたらと思うと余計に踏み出せない。

ウクライナにおける戦争が他人事ではないことにも、みんな気づいています。物の値段が上がるなど、日々の生活に影響が現れていますから。そしてコロナと戦争で、我々がいかに外国に頼っていたかを身をもって思い知った。

そのように今の若い人たちは、本当の意味で国に対しても政治に対しても不安を募らせているはずなのですが、市民意識（シチズンシップ）のトレーニングを受けていないのが致命的です。18歳から投票できると言われるだけで、自分の政治方針をどう決めるのか、政治家をどう分析するのか、どこにもトレーニングやディスカッションの場がありません。

学校教育が遅れている国にも、政治的に強い市民はいます。それはディスカッションが日常的に行われていて、誰もがその場を共有しているからです。みんなでいろんなことを話し合う中で、政治を若者たちの手に渡していった国はたくさんある。日本にそうした動きが出ていないのは、教育システムが抑え込んでいるからだと思います。

内田　日本の将来に不安を抱える若者が、これからどうしたらいいかと困っていると、「日本を捨てなさい」と平然と答えるリアリストぶった識者がいますね。「これからは英語を勉強して、海外の大学で学位をとって、生活拠点も日本以外の国に置くような生き方をしないと生き延びられない」と。こういう言い方って、よくないと思うんですよ。だって、海外に留学して、海外に生活拠点をつくって、生業を営むなんていうことはほとんどの日本人には不可能なんですから。それができるのは例外的な少数の「強者」だけです。99%の日本人は日本列島で暮らすしかない。日本語しかできない、日本食しか食べられない、日本の生活文化の中でないと「生きた気がしない」という1億以上の日本国民について、その人たちがどうやって雇用を確保し、ご飯を食べられて、愉快に暮らせるかを考えるべき時に、そういう生き方自体が「敗者の生き方」だと言い放つのって、ずいぶん意地が悪いと思う。

日本はたしかにもう「泥船」です。それは事実です。もう沈みかけている。でも、その時に「泥船を捨てて逃げろ」というスマートでエゴイスティックな解とは別に、「なんとかもたせて、沈むまでの時間を先送りにして、その間にできるだけ多くのものを救い出す」という泥臭い仕事も誰かが担うべきだと思うんです。それこそが市民の役割であり、責任だと思う。船底に開いた穴を塞いだり、要らない荷物を海に捨てたりして、浮力を稼いで、この国を少しでも長く生きながらえさせようとすること。それも大切な市民の仕事だと思います。シチズンシップの基本は連帯責任の感覚です。同胞に対して責任を持つ。だから、集団が豊かな時にはその豊かさの一部を享受する権利があるけれど、苦しい時にはその痛みの一部を引き受ける責任がある。

そもそも責任を感じない人には「何をすべきか」というアイディアが出てこないと思

うんです。「沈みかけている日本をどうしたらよいか？」というのは、別に試験問題じゃありません。誰かが出題して、正解したらほめられるというものじゃない。誰も答えを知らない問いです。「どういう答えがスマートか」なんてどうでもいい。答えを誰かが採点するわけじゃないんですから。自分のできる範囲で自分に何ができるか、それを考えるだけです。

２０１５年に大きな街頭運動を組織した学生団体「SEALDs」は、実際にはごく少人数でした。僕はSEALDs KANSAIと何度かともに活動しましたけれど、関西のメンバーは全部で十数人でした。聞くと、ほとんどのメンバーは大学に一人だけでした。たった一人でビラを撒き、道行く人に呼びかけて、そうやって集会に何千人もの人を動員していたのです。それを聞いて僕は少し希望を持ちました。自分がなんとかしなきゃと思う学生が一人いたら、数百人、数千人を動かすことができたわけですから。

あの運動には、決まったリーダーもいなかったし、決まった政治綱領があったわけでもありません。運悪くこの衰退しつつある国に生まれてしまったけれど、そこで自分には何ができるのか、それを当事者として真剣に考えた学生たちの自発的な運動でした。

かつての新左翼の過激派学生に比べると、自分たちの社会的影響力についての自己評価はとても控えめでした。だから、政治的空語を口にしなかった。横で見ていて、とても常識的な若者たちだったと思います。僕は好感を持ちましたし、ああいうやり方は適切だったと今でも思います。

これまでの日本社会のトップダウン的組織では、上位者から命令が来るまで現場の人間は何もしない。何もしてはいけないとされていました。逆に、どんなに無意味な命令でも上位者からの指示には黙って従わなければいけない。長い時間をかけてそういう非効率な組織を創り上げてきた。それに若い人たちはもううんざりしていたんだと思います。

サコ　日本人はこれまで、国からの恩恵は享受しながら、その恩恵を自らつくり出そうとはしていませんでしたよね。国民が国家をつくろうとしていないし、国家が国民を自由にしていなかった。世間が厳しく監視し合い、不自由な国民をつくってきた。でもおっしゃるように、今後はもっと自由な国民、自ら行動する人が増えていくでしょう。そうでなければ国民国家の意味がありません。

その意味で、日本という国自体を「再コモン化」すべきなのです。そうなった時、本当の意味での民主主義も実現するのではないか。これまでの日本には、政府が決めたことに対する国民のディスカッションがあまりありませんでした。国民は文句を言いながらも最後には従ってしまってきた。でも若い世代には、この政府決定によって10年後の日本がどうなっているかをシビアに計算する人が増えてきています。これまでにはなかった視点です。

強い日本が消えようとしている今、一人ひとりが生き残るためには、どう支え合っていくかを考えなくてはなりません。ずっと前からわかっていたはずなのに、問題に向き合わず、見えないようにして先延ばしにするシステムばかりをたくさんつくってきたんですよね。

内田　30年も40年も前からわかっていたことです。

サコ　そう。こうなることはわかり切っていたのに先延ばしにしていた。今までは日本人の同調圧力が強力な武器として利用できました。国民同士が監視し合ってくれるから、国が努力しなくてもよかった。でも若い人たちにはそれが通用しない。一人ひとりがものを申せる社会になっていくことを、政府は最も恐れているでしょう。

公共の再構築化は、「私」から始まる

内田　日本の国力がこれほど急激に低下したのは、「公共（public）」の意識が低くなったせいだと思います。特に「公人（public servant）」から公共意識が失われた。ここ10年の日本の統治者たちはとりわけ公共意識を欠いた人たちでした。「公共の福祉」のために自分には何ができるかを考える代わりに、公権力を私権のために濫用し、公共財を私物化することにばかり熱心だった。それを国民たちもぼんやり見ていた。公人とは、「公権力、公共財の管理運営を国民から負託されている人」だとは考えずに、公人とは「公権力を私的に使用することができ、公共財を私財化できるほどの権力を持っている人」のことだという新しい解釈に慣れ切っていた。そのせいで短期間のうちに公共がこれほどまでに痩せ細ってしまった。

もう公人たちには公共意識を期しがたい。多くの国民はそう感じていると思います。あの連中は「公共のもの」を「私物化」することにしか興味がない。もう日本は「泥船」だということは彼らだってわかっている。でも、その「泥船」をどうやって生き延びさせるかには興味がない。それよりもこの「泥船」から持ち出せる限りのものを持ち

出して、私財を富裕化することに興味がある。公共を私物に付け替えることにだけは異様に熱心。そういう政治家たちを日本の有権者たちは選び続けてきたのです。

でも、公人に公共性を期しがたいということであれば、私人が公共を支えるしかない。僕はそう思います。そして、実際に多くの日本国民もそういう考え方に切り替わってきている。自分の私権私財を投じて公共を豊かにする。この10年間為政者たちがしてきたことを逆転させて「私から公へ」という逆の流れをつくり出す。その流れが始まっているように僕には見えます。

サコ先生は「再コモン化」とおっしゃいましたが、僕は同じことを「公共の再構築」という言葉で呼んでいます。これまで政府や自治体がたくさんの「ハコモノ」をつくりました。でも、この「公共のハコモノ」や「公共の助成金」が公的領域を豊かにするためにはさして役に立たなかった。仕方がないと言えば仕方がないのです。役所が公金を投じてする事業である以上、年度末には「これだけのものができました」「これだけの役に立ちました」という外形的・数値的なアウトカムを示さなければならない。でも、公共的な活動のアウトカムはすべてが年度末までにかたちのあるものとして出てくるようなものじゃありません。公共物は使い勝手が悪いし、公共目的になじまない。「公共物には公共性がない」ということがだんだんわかってきた。だったらむしろ個人が私財を投じてつくったもののほうがずっと公共性が高い。しだいに多くの人がそのことに気づき出した。

税金で「公共のスペース」をつくってもらっても、使用条件がうるさいし、使える時間も限られています。それよりは誰か個人の家を公共的なかたちで開放して、そこを芸術や学術や文化の発信拠点にしたほうが効率がいいし、話が早い。「私物のほうが公共物よりも公共性が高い」という逆説への理解がだんだん進んで来た。だから、「再コモン化」は今は「公共の再構築」というかたちで進行しているように僕には見えます。公共を立ち上げるために身銭を切る人が今、全国各地に同時多発的、自然発生的に一斉に出てきている。そういう印象を僕は持っています。

サコ　従来の日本では公共とは、当事者ではなく、一部の「公」の権力者が担うもの、という捉え方でしたよね。典型的なのが公園です。みんなのための公園なのに、なぜボール遊びをしちゃいけないのか。なぜ飲食をしちゃいけないのか（笑）。公園では楽しいことをしてはいけないのかと思うぐらい、たくさんの「やってはいけない」ルールがある。

本来、みんなの場所のルールは上から降りてくるものではなく、みんなで決めるものです。ヨーロッパで公共性が定着した理由はそこにあります。ヨーロッパでは、みんなのもの＝自分のものでもあるという意識があり、公共の物が壊れたら、公を待たずに、お金を持っている人がポーンと出して直します。日本人は当事者意識が低いから、何かあるとすぐ役所に「なぜ修理しないのか」とクレーム電話をかけますよね。本当に困っているのなら自分で直せばいいのに。でもそれは、役所が市民に「私たちがやってあげるから」と信じ込ませてきたせいでもあります。

教育現場でも同様です。もともと日本の学校には、児童や生徒たちがみんなで教室を掃除する習慣がありました。自分の手できれいにした場所には、愛着が生まれます。そうして当事者意識が育まれていた。それが大学へと進むうちに、自分で頑張ればできるようなことでも、大学や先生にやってくれと要求するようになった。

内田　僕が子どもだった1950年代には、まだ東京にも「コモンズ」がある程度は残っていました。敗戦後で行政がまだしっかり整備されていなかった時代ですから、防災・防犯・公衆衛生などは地域住民が自分たちの責任で担うしかなかった。ですから、町内会のお父さんたちが冬の夜には「火の用心」を呼びかけて町内を回り、日曜の朝には町内総出で「どぶさらい」をした。行政に電話一本して「なんとかしろよ」と文句言えば、それでなんとかなるという時代ではなかったんです。そうした意味での公共意識は1960年代初め頃までは東京にも存在しました。でも、日本が高度経済成長期に入って、人々が豊かになり、行政も機能するようになると、公共を自力で維持しようという意識がみるみる薄れた。

同じ頃に、町内でも豊かになった家から順番に家のまわりに塀を建てて、中を見えなくするようになった。それまではどの家にも塀なんかありませんでした。腰ほどの高さの垣根があるだけで、道から隣の家の晩ご飯まで丸見えだったし、垣根をまたげば平気で行き来できた。それができなくなった。

原っぱもなくなった。僕の家のまわりは空き地だらけでした。もちろん地主はいたのでしょうけれど、何も使い道がなかった。空襲で焼けたままの工場跡地に雑草が生い茂って、そこが子どもの遊び場になっていました。でも、1964年の東京オリンピックの前から東京の地価が高騰すると、それまで空き地を放置していた地主たちも自分の財産の価値に気がついて、とりあえず原っぱに鉄条網を張って「立ち入り禁止」にした。それまで半ば公共だったものが私有地として囲われてしまった。そうやって社会全体が私有地に隙間なく分割されて、子どもたちが遊べる公共空間がなくなった。

　僕は東京オリンピック前の劇的な「公共の喪失」の場に立ち会っていたので、21世紀にも、同じことがまた起きるかもしれないと思っています。たしかにまだ公共物はありますし、公共機関もかたちだけは生きていますけれども、それを管理運営する公人たちに公共意識が欠落している。ですから、今の日本では政府や自治体の管轄している公共はとめどなく解体していくと思います。公共が解体したら、その時は仕方がありません、行政に代わって私人が公共を立ち上げ、公共を維持しなければならない。１９５０年代の日本ではそれができました。だから、21世紀の日本でもできないはずはない。また再び、貧しい市民たちが肩寄せ合って、手持ちの私財を持ち寄り、自力で公共を支える。そういう時代が近づいていると思います。

国際社会から取り残されていく日本

サコ　アメリカの新自由主義にならって公共サービスを削り、民間に競争させる流れが定着しましたが、日本ではそれを勘違いしていると思います。アメリカ流のやり方って、実は厳しいんですよ。決して甘くない。コンプライアンスの遵守が前提にあり、国民のチェックが非常に厳しい。私もアメリカで経験しましたが、出張費にしても、どこでなんのための食事をしたか、その予算はどこから出ているかをすべて大学に報告しなくてはいけない。すべてを公開しているから実現できているのです。でも日本がやっているのは、一見アメリカ流のようでいて、究極の曖昧性です。コンプライアンスが徹底されているとはとても言えません。

そして日本は自分たちが西洋の一部であるかのように錯覚しています。西洋諸国はこれまで自分たちのやり方は自分たちで決め、それが世界共通になるように仕向けてきましたが、今、それも限界にきています。マリへの民主主義の導入過程が典型的です。マリにはもともと12世紀につくられた帝国憲法があって、当時すでに44か条にわたりコモンズのつくり方を示すなど、先進的でした。しかしその後フランス領となり、独立後もフランス的な共和制をとることになった。選挙の投票は公用語であるフランス語でしかできません。識字率はわずか30%。大多数の人はよくわからず納得できないままに投票しなくてはならない。だからクーデターが起きてしまう。金融システムも植民地時代と同様にフランスに握られていて、これで独立した民主国家と言えるのか、疑問が残ります。

ロシアのプーチン大統領が問題視されていますが、プーチンをつくったのはヨーロッパです。プーチンのロシア市場を散々使ってきたのです。冷戦後もずっと、ロシアと距離を置きながら、アメリカを含めた西洋の力だけを増大させようとしてきた。

ロシアや中国がいいと言っているのではありませんが、ヨーロッパは他の主義を認めず、ずっと自分たちに従えと言い続けています。西洋のスタンダードが本当に信頼できるものなのか。自分たちの影響下に置くことしか考えていないのではないか。グローバル化はその闇を暴きました。世界中に同じ情報が瞬時に流れるようになったことで、西洋の問題が見えてきて、抵抗する人たちも出てきています。

そうした中、日本は世界の中でもっと中立的な立場をとれたはずでした。ヨーロッパともアメリカとも違う、戦争や原爆の悲惨さを誰よりも知る国として、各国との信頼関係を構築できると期待されていたのに、それをしようとはせず、アメリカや西洋にいかにお金でアピールするかのみを考えてきたのが現在の日本です。ただ金を出すだけではない、日本にしか果たせない役割があったはずだと思うのですが。

内田　僕はアメリカの国際政治経済ジャーナル「フォーリン・アフェアーズ・リポート」を定期購読しているのですが、読むとアメリカが日本にほとんど何の指導力も期待していないことがよくわかります。日本が独立した主権国家として、国際政治の場で独自の活動をするということをアメリカはまったく考えていない。アメリカの国益維持に「役に立つ」という点はときどき外交について評価されていますけれど、それだけです。日本はアメリカとは行き方が違うけれども、日本の世界戦略は日本の固有のものなのだから、それに対しては敬意を示すべきだという言論に出会うことはまずありません。だから、当然ですけれど、安倍晋三への評価はきわめて高い。だって、アメリカからすれば、自国益より米国益を最優先に配慮してくれる統治者なんですから、こんな好都合な統治者はいません。安倍に終身総理大臣をやってほしかったというのが本音だったと思います。

今、サコ先生は日本にはアジアの一員としてまだそれなりにすることがあるだろうとおっしゃいましたが、それはないと思います。アジアの一員として何かをするとしたら、まず自分たちが国際社会の中でどのような立場にあるかを認識した上で、どういう未来をめざすのか、それを明らかにすべきですけれども、日本には「実現したい未来」がないんです。

日本国憲法の前文には「われらは、平和を維持し、専制と隷従、圧迫と偏狭を地上から永遠に除去しようと努めてゐる国際社会において、名誉ある地位を占めたいと思ふ」という文がありますね。国際社会における「名誉ある地位」を占めたいという願望が語られている。でも、2012年の自民党の改憲草案ではもう「願望」は語られていません。「我が国は、先の大戦による荒廃や幾多の大災害を乗り越えて発展し、今や国際社会において重要な地位を占めており、平和主義の下、諸外国との友好関係を増進し、世界の平和と繁栄に貢献する」。そう書いてあります。「今や国際社会において重要な地位を占めて」いる以上、もうその地位に達するための努力は不要になったということです。「世界の平和と繁栄に貢献する」というのも変な書き方です。「庭の草むしりをする」とか「網戸の掃除をする」とかに似た書き方で。あまりやりたくないし、やる予定もないのだけれど、そのうち暇になったらやるかもしれないという「やる気のない」ニュアンスが行間からにじみでている。

先ほどサコ先生が「日本は命脈尽きているのに先延ばしにしている」とおっしゃいましたが、それは日本の指導層の人たちが未来を描くことができなくなったからだと思います。特にこの10年間は政治家たちが著しく「懐古的」になっています。家族制度にしても、核武装にしても、民主主義の空洞化にしても、まるで大日本帝国をめざして退行しているようにしか見えない。でも、それを推進している人たちって、誰一人大日本帝国を見たことがないんです。自分の脳内妄想の「美しい国」のイメージに陶酔しているだけなんです。でも、その「もう失われた美しい過去の帝国」への郷愁が多くの国民に支持されている。

自国の過去を「黄金時代だった」と思っていくら懐かしんでも、そんなものは国際社会に対するメッセージにはなりません。「日本スゴイ」といくら自賛しても、そんなものので国際的に指南力のあるビジョンをかたちづくることはできない。

国力というのは軍事力とか経済力とか文化的生産力とかいうものには尽くされません。たとえGDPや人口や軍事力が小ぶりな国であっても、そのリーダーが「世界はこうあるべきだ」という風通しのよい、広々としたビジョンを提示できるなら、その国の行き方を世界が注目するし、その指導者の言葉に世界中が耳を傾ける。でも、日本の総理大臣が国連で何を演説しても、それが国際的なニュースになるということはまったく起こりません。国連総会の演壇に立っても、つまらないので、みんなぞろぞろと席を立ってしまう。官僚が起草した作文を読み上げているだけですから、おもしろいはずがない。「日本には世界に向けてどうしても言いたいことはありません」と宣言しているようなものです。

国際社会において日本が取るべき独特の役割はもちろんあります。でも、その役割は単身では果たせない。まず日本は東アジアの一員として、韓国、台湾、香港と連携し、中国との対話の場をつくらなければならない。そのための工作がまったくなされていない。

サコ　そうですよ。そこを飛び越えてアメリカ、ＥＵというのはないんですよ。日本はアジアとしての自覚が大事だし、アフリカとかかわる際にもフランスと組む必要はない。アフリカとしては、日本に直接来てほしいのですから。

最近、すごく落ち込んだのは、チュニジアで開催された第８回アフリカ開発会議（ＴＩＣＡＤ８）です。岸田総理大臣はコロナに感染したため訪問しませんでした。開会式ではオンラインで文書を読み上げ、「総額３００億ドル規模の資金を投入します」と宣言しましたが、問題は投資の額ではありません。敬意なんですよ。テレビの向こうでいくら「今までにない額を投じます」と言っても、いやいや、違うから、ってなります。中国やトルコ、南アフリカでさえ出せる程度の額を投じたからといって、誰も「日本よくやってるな」とは評価しませんよ。そうではなく、首相が直接赴き、アフリカ諸国との関係を今後どうやって築いていこうかと膝を突き合わせて話すべきなんです。岸田さんという人が、どのぐらい日本とアフリカの関係を大事に思っているか、そこをみんな気にしているのに、いまだに経済力が期待されていると思っている。アフリカ訪問はコロナが治ればできます。

内田　アフリカに対して一番欠けているのは、おっしゃったように敬意ですね。そして、敬意の前段にあるのは「あなたのことがもっと知りたい」という好奇心です。「あなたは一体どんな国？」「何に困っているんですか？」「日本の手持ちの資源はこれだけなのですが、どれがお役に立ちますか？」それをまず先方に聞くべきなんです。そうして初めて先方から「日本にはこれをお願いしたいです」という要望が出てくる。

サコ　日本は全部一方的に決めているんですよ。

内田　その点では中国のアプローチのほうがずっと合理的だし、敬意を感じます。アフリカ各国が何を切実に求めているかをリサーチして、そこから話を始めている。日本はアフリカに興味がない。市場や製造拠点としては多少の興味があるかもしれませんが、それ以外では文化的にも興味がないし、地政学的にも興味がない。それでもこれまでアフリカにお金をばら撒いてきたのは、国連での立場を有利にしておこうとか、親日国を増やしておけば何かの役に立つだろうくらいの考えからでしょう。外交の前提になるのは、相手の国の実相を知りたいという素朴な好奇心のはずですけれど、日本外交からはそれが感じられない。

来るべき多民族共生社会のために

内田　もうひとつ、今の話と根は一緒なのですが、前にもお話しした通り、日本はこれから急激な人口減局面に入ります。でも、日本だけではなく、韓国も中国も人口減ではそうなんです。どこも今の社会システムを維持するには外から人を入れるしかない。だから、今後、日本、韓国、中国で生産年齢人口の移民労働者の取り合いが起きると僕は予測しています。アジアで外に人を出せるのは、中央年齢が若くて人口の多い国です。インドネシア（2・7億人）、ベトナム（1億人）、フィリピン（1・1億人）、マレーシア（3000万人）というあたりです。そういう国から若い人たちを送り出してもらって、受け入れ、定着してもらって、多民族共生社会をつくっていくというのが、人口の急減で社会システムがクラッシュするのを防ぐ唯一の道です。だから、どうやって若い人を海外から集めるか、どこの国も策を練っています。

韓国の場合は北朝鮮があります。経済的な南北交流が進めば、南は北に投資し、北からは労働者を送るということができる。北は人口2600万人、人口は南の半分ですけれども、中央年齢は33歳で、南より6歳ほど若い。台湾も人口減と高齢化を迎えますが、隣には人口700万人の香港があります。香港は中国による強権的な支配を嫌って国外に脱出する市民が後を絶ちませんが、台湾は言語も文化も近接していますから、この人たちを当てにすることができる。中国は一帯一路構想を進めたり、上海協力機構をつくったりして、アジア、アフリカの諸国とのネットワークを構築して、着々と移民の受け入れの準備をしています。その中にあって、日本だけがまったく何もしていない。

アフリカに対して好奇心や敬意が足りないだけでなく、アジアの同胞に対しても歓待の気持ちがまったく欠けている。賃金が安い日本へアジアの若い人たちに来てもらうとしたら、日本にはもうホスピタリティしか売り物がないと思うんです。ご飯が美味しくて、治安がよくて、気候が温和で、風景の美しい国であることは世界中が知ってますから、あとは人心が穏やかで、海外からの人をつねに歓迎しますというオープンマインドな気持ちさえ示せれば、それで十分に日本より高い賃金を出せる韓国や中国とも渡り合えると思うんです。けれども、それをしようとしない。それどころか、レイシストがネットで暴言を吐き散らし、外国人技能実習生が差別され、入管では非人道的な暴力がふるわれている。まるで「外国人を受け入れる気はない」という攻撃的なメッセージを発信しているようです。観光でお金を落としに来たり、低賃金労働者として来る分には歓迎するけれど、「みなさんを同胞として歓待します」というメッセージはまったく発信しようとしない。

サコ　誰も言いませんね。日本はアジアで最もＯＤＡに出資していた国ですが、その恩恵は今、日本以外の国々が受けています（笑）。インドネシアやベトナムなど東南アジアの国々は急成長していて、日本に来てつらい思いをするくらいなら自国で仕事を見つけようとする。現に、日本に来た外国人労働者の約70％は定着せず、国に帰ってしまっています。

本学の留学生にしても、日本にあまりにも就職口やインターンシップ先がないので、ほとんどが帰国せざるを得ません。日本の税金で4年間世話になったのに、恩返しをする場所がないのです。それなら国に帰って日本との架け橋になれるかといえば、日本にはその土台もない。

アフリカの労働者も同様です。すでにインドネシアやベトナム、さらには韓国に大量に流れ込んでいます。韓国など、国としてアフリカ人移民をオープンに受け入れ、彼らがすぐにでも起業できる制度をつくっているくらいですから。オリエンテーションや支援が徹底しているので、社会への定着も容易です。日本から韓国に移ったアフリカ人はたくさんいますよ。

日本政府はこの現実をまったく自覚していません。アジア諸国からも取り残されているのに、いまだにのんびりしていて手を打とうとしない。これでは2030年問題はとても乗り切れないでしょう。

内田 のんびりしているどころか、外国人に地方自治体の住民投票の権利を与えることさえ否定する自治体があります。21世紀も20年以上が過ぎているのに、何をやっているのかと思います。

サコ いずれにしても、今後日本社会に外国人が増えていくのは必至です。だからこそ発想を変えなくてはなりません。二つの世界大戦後、人口減を補うため多くの移民や外国人労働者を受け入れたスイスやドイツの状況を評して、作家マックス・フリッシュの「我々は労働力を呼んだが、やってきたのは人間だった。労働力だけがほしかったのに、人間がついてきた」と言っています。まさにそうなんです。日本人とは違うアイデンテイティ、価値観、宗教、癖を持った人間たちがやってくるわけです。彼らをこれまでのように同化させることはできません。

今後は隣人が外国から来た人になるかもしれません。無視してもいいけれど、彼らの存在によってあなたは生かされている。日本を奪う、潰す、迷惑をかける存在と考えるのではなく、お互いに日本というコモンズを形成する一員と捉え、彼らがせめて自らの住環境のあり方には口を出せる状態に置くべきです。

日本人のやることは正しくて、外国人のやることは間違っている、だからコントロールするという発想から、彼らは自分たちと同様に日本で生きる権利を持つ人たちであるというマインドに転換し、一緒にやっていく共生社会が求められています。

内田　人種も言語も宗教も生活文化も異なる人たちと生活空間を共有し、ともに社会を構築していく時に必要なのは理解や共感ではありません。多民族共生社会では、「理解も共感もできない隣人」と生活しなければならない。どうしても日本人は理解と共感をベースにして社会関係を構築しようとする傾向がありますけれど、これからはもうそれでは通らない。そのために必要なことは二つあります。

ひとつは隣人同士できちんとした社会契約を結び、それを守ること。「それは契約違反である」というかたちでクレームをつけることはできますけれど、「理解できない」とか「共感できない」ということを理由に他者を排除するべきではない。それをしっかり頭に叩き込むこと。

もうひとつは歓待の気持ちです。人口減・高齢化で危機に瀕した日本を助けに来てくれて「ありがとう」という気持ちを持って海外から来る人に接することです。

これから学校で子どもたちに教えるべきなのは、対人関係を理解と共感の上に基礎づけてはいけないということと、とにかく人には親切にするということ、この二つだと思います。

サコ　従来の日本人同士の社会契約は、空気だったんですよね。空気を読む。でも空気というのは非常にハイコンテクストです。今後ローコンテクストの人が増えてくると、ダメなものはダメだと言葉で伝える必要が出てくる。一言でいいんです。「夜10時以降は音を出さないでください」と、直接伝えればいい。相手の行動からどんなに意図を読もうとしても、ローコンテクストの人には通じません。これからそうしたコミュニケーションが重要になってくると思います。

内田　日本人同士のコミュニケーションってたしかにハイコンテクストですよね。もちろんハイコンテクストのコミュニケーションも必要です。ですから、ハイコンテクストのコミュニケーションも、ローコンテクストのコミュニケーションもどちらもできる。状況によって、コミュニケーションのやり方の切り替えができる、そういう自由な対話能力がこれからは求められるようになってくるんだと思います。

サコ　そうですね、状況に応じた柔軟性を持たなくてはなりません。日本人はその行き来をせず、すべて思い込みで抱えてしまいがちだし、ステレオタイプ化しがちなので、一人ひとり違う人間であることを肝に銘じることの重要性も、付け加えておきたいと思います。

おわりに――「管理」と「創造」

内田　樹

ウスビ・サコ先生との対談を中心にまとめた本を出すことになりました。サコ先生は日本で初めての「アフリカ出身でムスリムの学長」です。多様な出自の人々を同胞として迎える心構えにおいて日本社会はまだまだ十分な成熟に達していないと僕は思いますけれども、それでもサコ先生のような人が登場してきたこと、サコ先生の言葉に耳を傾ける人がしだいに増えてきたことは、日本の未来について僕を少しだけ楽観的な気持ちにさせてくれます。僕が日本の未来について「楽観的になる」ということはほとんどないのですけれど、サコ先生は僕にその「ほとんどない」経験をさせてくれる稀有の人です。

この本で、僕たちは主に日本の学校教育について論じています。学校教育が僕たち二人の「現場」だからです。僕はもう定期的に教壇に立つということはなくなりましたけれども、今でもいくつかの大学に理事や客員教授としてかかわっているので、大学で「今何が起きているのか」はある程度わかっています。そして、大学に関して言えば、楽観的になれる材料はほとんどありません。大学教育は制度としてはどんどん劣化しているし、研究教育のアウトカムもどんどん低下している。それも加速度的に。その原因については本書の中でも繰り返し述べています。それは「教育研究を中枢的に統御し、管理しようとする欲望」がもたらしたものです。「諸悪の根源」というような激しい言葉を僕はあまり使いたくないのですけれども、「統御し、管理しようとする欲望」が今の学校教育の荒廃の主因であることは間違いありません。

でも、不思議な話です。「統御し、管理しようとする欲望」は「秩序」をもたらし、「効率」や「生産性」を向上させることをめざしているはずです。でも、それがまったく逆の結果を生み出してしまった。どうしてなんでしょう。

それは「創造」と「管理」ということが原理的には相容れないものだからです。そして、「管理」がどういうものであるかはほとんどの人が知っているけれど、「創造」がどういうものであるかを知っている人はそれに比べるとはるかに少ないのです。

日本社会では「管理」したがる人の前にキャリアパスが開かれています。彼らは統治機構の上層に上り詰め、政策決定に関与することができます。でも、「創造」に熱中している人はシステム内での出世にはふつう興味がないので、創造的な人が政策決定に関与する回路はほぼ存在しません。

ですから、資源分配の決定を「管理が好きな人たち＝創造とは何かを知らない人たち」が下す限り、その集団が創造的なものになるチャンスはまずありません。自分の出世しか興味がないサラリーマンが組織マネジメントを委ねられると、組織はどんどん息苦しく、みすぼらしいものになることは避けがたい。

というのは、「管理」が大好きな人たちは、あらゆる仕事に先立って「まず上下関係を確認する」ところから始めるからです。「ここでは誰がボスなのか」「誰が命令し、誰が従うのか」「誰には敬語を使い、誰にはため口でいいのか」「誰には罵倒や叱責を通じて屈辱感を与えることが許されるのか」ということをまず確認しようとする。彼らはまずそれを確認しないと仕事が始められないのです。

この集団はそもそも何のためにあるのか、いかなる「よきもの」を創り出すために立ち上げられたのかとか、メンバーたちはそれぞれどういう能力や希望があるのかということには副次的な関心しかない（それさえない場合もあります）。関心があるのは「上下」なのです。

ですから、日本の組織においては、上司が部下に対して最初にするのは「仕事を指示すること」ではなくて、「マウンティングすること」なんです。目下の人間にまず屈辱感を与えて、「この人には逆らえない」と思い知らせることがあらゆる業務に優先する。そんな集団が効率的に機能すると思いますか？　朝の会議で上司が部下に「発破をかける」ということが日本の会社ではよく行われますが、あれは別に今日する仕事の手順を確認しているわけではありません。誰が「叱責する人間」で、誰が「黙ってうなだれる人間」かを確認する儀礼なんです。そんなこと何時間やっても仕事は1ミリも先に進まないのに。

でも、管理が好きな人たちは、その因果関係が理解できない。しっかり管理しているはずなのに、トップダウンですべての指示が末端まで示達されているはずなのに、なぜか組織のパフォーマンスはどんどん下がる。

どうして、仕事がうまくいかないのか。そう問われると、彼らは反射的に「管理が足りないからだ」と考える。「叱り方が足りないからだ」「屈辱感の与え方が足りないからだ」と考える。そして、さらに管理を強化し、組織を上意下達的なものにし、査定を厳格にし、成果を出せない者への処罰を過酷なものにする。もちろん、そんなことはすればするほど組織のパフォーマンスはさらに低下するだけなわけですけれども、その時も対策としては「さらに管理を強化する」ことしか思いつかない。

軍隊には「督戦隊」というものがあります。前線で戦況が不利になった時に逃げ出してくる兵士たちに銃を向けて「前線に戻って戦い続けろ。さもないとここで撃ち殺す」と脅すのが仕事です。軍隊の指揮系統を保つためにはあるいは必要なものかもしれませんが、もし「半分以上が督戦隊で、前線で戦っているのは半分以下」という軍隊があったとしたら「管理は行き届いているが、すごく弱い」軍隊だということは誰にでもわかると思います。

今の日本の「ダメな組織」はこの「督戦隊が多すぎて、戦う兵士が手薄になった軍隊」によく似ています。学校現場もそうです。

教育行政が発令した政策はこの四半世紀ほぼすべてが失敗しました。でも、それを文科省も自治体の首長も教育委員会も自分たちのミスだとは認めませんでした。すべて「現場のせいだ」ということになった。指示した政策は正しかったのだが、現場の教員たちが無能であったり、反抗的であったりして、政策の実現を阻んだので、成果が上がらなかった。そういうエクスキューズにしがみついた。

そこから導かれる結論は当然ながら「さらに管理を強化して、現場の教員たちに決定権・裁量権をできるだけ持たせない」というものになります。そうやって次々制度をいじっては、教師を冷遇し、査定し、格付けし、学長や理事長に全権を集中させ、職員会議からも教授会からも権限を剝奪しました。こうすれば「現場の抵抗」はなくなり、教育政策は成功するはずでした。でも、やはり何の成果も上がらなかった。この失敗も「現場が無能だからだ。現場が反抗的だからだ。もっと管理を強化しろ」と総括された。そして、学校現場における「督戦隊」的要素だけがひたすら膨れ上がり、「前線で戦う兵士」の数はどんどん減少し、疲弊していった……というのが日本の現状です。

今、学校教育現場で最も深刻な問題は「教師のなり手がいない」ということです。毎年、教員採用試験の受験者が減っている。倍率が低いので、新卒教員の学力が低下し、社会経験が乏しいせいでうまく学級をグリップできない教員が増えている。それを苦にして病欠したり、離職する教員も多い。こんなことは教員たちから権利を奪い、冷遇し、ことあるごとに屈辱感を与えてきたわけですから、当然予測された結果のはずです。でも、たぶん文科省も自治体の首長も決してそれを認めないでしょう。

もう一度繰り返しますけれど、「管理」と「創造」は相性が悪いのです。

創造というのは「ランダム」と「選択」が独特のブレンドでまじりあったプロセスです。平たく言えば「行きあたりばったり」でやっているように見えるのだけれど、実は「何かに導かれて動いている」プロセスのことです。やっていることは見た目は「行きあたりばったり」ですから「管理」する側から「何をやってんだ」と問い詰められてもうまく答えられない。やっている当人は自分がある目的地に向かって着実に進んでいることは直感されるのだけれど、それが「どういう目的地」なのか、全行程のどの辺りまで来たのかは、自分でもうまく言葉にできない。「このまま行けば、『すごいこと』になりそうな気がします」くらいしか言えない。そういうものなんです。完成品が何か、納期はいつか、それはどのような現世的利益をもたらすのかについて答えられないというのが「ものを創っている」時の実感です。

「創造」は科学や芸術に限られたものではありません。例えば、食文化というのは本質的にきわめて「創造的なプロセス」だと僕は思います。

食文化の目標は何よりもまず「飢餓を回避すること」です。ですから、「不可食物」の「可食化」がその主な活動になります。実際に人類は実に多様な工夫をしてきました。

焼く、煮る、蒸す、燻す、水にさらす、日に干す、発酵させる……などなど。

それまで不可食だと思われていた素材を使って最初に美味しい料理を創った人は人類に偉大な貢献を果たしたわけですけれども、こういう人たちはそれまで知られていたすべての調理法を試したわけではないと思うんです。よけいな迂回をしないで、割と一本道で目的地にたどりついたんじゃないかと思うんです。じっと食材を見ているうちにその人の脳裏に「これを食べられるものにするプロセス」がふと浮かんだ。まったく独創的な、これまで誰もしたことのない調理法を思いついた。試してみたら、いささか試行錯誤はあったけれど、「美味しいもの」ができた。

このプロセスはまったくの偶然に支配されていたわけではないと僕は思うんです。創造的な調理人は「なんとなく、こうすれば、これ食えるようになるんじゃないか」という「当たり」をつけてから始めたはずです。でも、どうしてその「当たり」がついたのかは本人もうまく説明できない。「なんとなく、そうすればできそうな気がした」というだけで。

「だいたいの当たりをつけてから、そこに向かう」プロセスのことを「ストカスティック(stochastic)」なプロセスと呼びます。ギリシャ語の「的をめがけて射る」という動詞から派生した言葉です。創造というのは「ストカスティックなプロセス」であるというのは多くの創造的科学者たちが言っていることです。

数学者のアンリ・ポワンカレによれば、数学的創造というのはそれまで知られていた数学的事実のうちから「これとあれを組み合わせたらどうなるかな」という組み合わせをふと思いつくということだそうです。その場合の「これ」と「あれ」はいずれも「長い間知られてはいたが、たがいに無関係であると考えられていた」事実です。誰も思いつかなかったその結び付きにふと気づいた者が創造者になる。

創造的な調理人もそうだと思うんです。これまで不可食とされていた植物や動物は目の前にランダムに散乱している。調理法も経験的に有効なものがいくつか知られている。ある日、ある調理人が「長い間知られていたが、たがいに無関係であると考えられていた」ある不可食物とある調理法の組み合わせを思いついた。それが新しい料理の発明につながり、人類を飢餓から救うためにいくらかの貢献を果たした。たぶん、そういうことだと思います。

創造というのは「外からはまるで行きあたりばったりのように見えたのだけれども、ことが終わってから事後的に回顧するとまるで一本の矢が的を射抜くように必然的な行程をたどっていたことがわかる」というプロセスです。だから、「ストカスティック」なんです。

多くの創造的な人たちは、学者でもアーティストでも、自分たちの創造の経験を似たような言葉で語るのではないかと思います。

こう説明するとわかると思いますけれど、これはまったく「管理」になじまないプロセスです。僕やサコ先生の関心は、どうやってもう一度「創造」を活性化するかということだと思います。それについて二人ともずいぶん真剣に考えてきたし、いろいろ「実験」もしてきました。本書に出てくる、ソウルに焼肉を食べに行ったり、空港で学生たちとばったり会って旅行にでかけたり……というのは、どちらもその時は「思いつき」ですけれども、あとから振り返ると、「それがあったから、次の展開があった」という重要な足場でした。でも、その時点では成算があったわけじゃないし、どういう効果が期待できるかもわからなかった。なんとなく「これは『当たり』じゃないかな」という気がしただけです。でも、サコ先生も僕もその直感を信じた。

サコ先生も僕も「管理する側」から見たら、とても手に負えない人たちだと思います。でも、それは僕たちがただ反抗的であるとか、反権力的であるとかいうことではなく、

「創造」ということにつよいこだわりを持っているからです。そのことをぜひこの本を通じてご理解いただきたいと思います。

なんだかやたら長くなってしまいましたので、もう終わりにします。最後になりましたが、本書の成立にご尽力くださいました稲賀繁美先生、ラクレ編集部の黒田剛史さん、『大学ランキング』の小林哲夫さん、夕（せき）書房の高松夕佳さんにお礼を申し上げます。そしてつねに驚くべき話題で知的刺激を与え続けてくださったウスビ・サコ先生に感謝を申し上げます。みなさん、どうもありがとうございました。

初出一覧

「はじめに」……『関塾タイムス』2021年4月号「わたしの勉学時代」をもとに加筆修正

2章……『中央公論』2021年2月号「いま必要なのは『ゲリラ』的教育だ」

その他は書き下ろしです。

ラクレとは…la clef=フランス語で「鍵」の意味です。
情報が氾濫するいま、時代を読み解き指針を示す
「知識の鍵」を提供します。

中公新書ラクレ
787

君たちのための自由論
ゲリラ的な学びのすすめ

2023年2月10日初版
2023年3月20日再版

著者……内田 樹　ウスビ・サコ

発行者……安部順一
発行所……中央公論新社
〒100-8152 東京都千代田区大手町1-7-1
電話……販売 03-5299-1730　編集 03-5299-1870
URL https://www.chuko.co.jp/

本文印刷……三晃印刷
カバー印刷……大熊整美堂
製本……小泉製本

Published by CHUOKORON-SHINSHA, INC.
Printed in Japan　ISBN978-4-12-150787-7　C1237

中公新書ラクレ　好評既刊

L465 若者と労働
——「入社」の仕組みから解きほぐす

濱口桂一郎 著

新卒一括採用方式、人間力だのみの就活、ブラック企業、限定正社員、非正規雇用……様々な議論の中でもみくちゃになる若者の労働問題。日本型雇用システムの特殊性とは？　そして、現在発生している軋みの根本原因はどこにあるのか？　日本型雇用の状況だけでなく、欧米の成功例・失敗例を織り交ぜて検証する。労働政策に造詣の深い論客が雇用の「入口」に焦点を当てた決定版。感情論を捨て、ここから議論を始めよう。

L684 新装版「遊ぶ」が勝ち

為末　大 著

世界陸上選手権のハードル競技で銅メダルを二度勝ち取り、オリンピックにも三度出場。引退後はスポーツと教育に関する活動を行い、ビジネスの世界に挑戦している「走る哲学者」の原動力とは何か？　「人間は遊ぶ存在である」。競技生活晩年、記録が伸びず苦しかったときに出会った名著に重要なヒントがあった。世界の第一線で闘った競技生活を振り返り、「遊び」という身体感覚を言語化する。「努力が報われない」と悩む人たちへ贈る心の操縦法。

L690 街場の親子論
——父と娘の困難なものがたり

内田　樹＋内田るん 著

わが子への怯え、親への嫌悪。誰もが感じたことのある「親子の困難」に対し、名文家・内田樹さんが原因を解きほぐし、解決のヒントを提示します。それにしても、親子はむずかしい。その謎に答えるため、1年かけて内田親子は往復書簡を交わします。微妙に嚙み合っていないが、ところどころで弾ける父娘が往復書簡をとおして、見つけた「もの」とは？　笑みがこぼれ、胸にしみるファミリーヒストリー。

L699
たちどまって考える
ヤマザキマリ 著

パンデミックを前にあらゆるものが停滞し、動きを止めた世界。17歳でイタリアに渡り、キューバ、ブラジル、アメリカと、世界を渡り歩いてきた著者も強制停止となり、その結果「今たちどまることが、実は私たちには必要だったのかもしれない」という想いにたどり着いたという。混とんとする毎日のなか、それでも力強く生きていくために必要なものとは？ 自分の頭で考え、自分の足でボーダーを超えて。あなただけの人生を進め！

L708
コロナ後の教育へ
――オックスフォードからの提唱
苅谷剛彦 著

教育改革を前提から問い直してきた論客が、コロナ後の教育像を緊急提言。オックスフォード大学で十年余り教鞭を執った今だからこそ、伝えられること――そもそも二〇二〇年度は新指導要領、GIGAスクール構想、新大学共通テストなど一大転機だった。そこにコロナ禍が直撃し、オンライン化が加速。だが、文科省や経産省の構想は、格差や「知」の面から諸問題をはらむという。以前にも増して地に足を着けた論議が必要な時代に、処方箋を示す。

L709
ゲンロン戦記
――「知の観客」をつくる
東 浩紀 著

「数」の論理と資本主義が支配するこの残酷な世界で、人間が自由であることは可能なのか？「観客」「誤配」という言葉で武装し、大資本の罠、敵／味方の分断にあらがう、東浩紀の「生き延び」の思想。哲学とサブカルを縦横に論じた時代の寵児は、２０１０年、新たな知的空間の構築を目指して「ゲンロン」を立ち上げ、戦端を開く。いっけん華々しい戦績の裏にあったのは、予期せぬ失敗の連続だった。ゲンロン10年をつづるスリル満点の物語。

L740
教育論の新常識
――格差・学力・政策・未来
松岡亮二 編著

入試改革はどうなっているのか？ 今後の鍵を握るデジタル化の功罪は？ いま注目の20のキーワード（GIGAスクール、子どもの貧困、ジェンダー、九月入学等）をわかりやすく解説。編著者の松岡氏は、研究が「教育の実態を俯瞰的に捉えた数少ない正攻法」（出口治明氏）と評される、「２０２１年日本を動かす21人」（『文藝春秋』）のひとり。ベストセラー『「学力」の経済学』の中室牧子氏、文部科学省の現役官僚ら総勢22名の英知を集結。

L750

なぜ人に会うのはつらいのか
——メンタルをすり減らさない38のヒント

斎藤　環＋佐藤　優 著

「会ったほうが、話が早い」のはなぜか。それは、会うことが「暴力」だからだ。人に会うとしんどいのは、予想外の展開があって自分の思い通りにならないからだ。それでも、人は人に会わなければ始まらない。自分ひとりで自分の内面をほじくり返しても「欲望」が維持できず、生きる力がわかないからだ。コロナ禍が明らかにした驚きの人間関係から、しんどい毎日を楽にする38のヒントをメンタルの達人二人が導き出す。

L751

イケズな東京
——150年の良い遺産、ダメな遺産

井上章一＋青木　淳 著

コロナ禍で一段と東京一極集中の是正が叫ばれているが、事はそう単純ではないと井上氏。私たちの東京への思いは複雑で、長尺の歴史から捉える必要がある。そう、京都から東京に天皇が移り住んだ時代まで遡って。『京都ぎらい』の井上氏に対するのは、二都を往復する気鋭の建築家・青木氏。二度の東京五輪と大阪万博など、古今東西の都市開発のレガシーについて論じ合う。話題はGHQ、ナチスから黒川紀章、ゴジラ、寅さんまで縦横無尽。

L753

エリートと教養
——ポストコロナの日本考

村上陽一郎 著

政治家は「言葉の力」で人々の共感を醸成できるのか？　専門家は学知を社会にどのように届けるべきか？——不信感と反感が渦巻く今こそ、エリートの真価が試されている。そこで改めて教養とは何か、エリートの条件とは何か、根本から本質を問うた。政治、日本語、音楽、生命……文理の枠に収まらない多角的な切り口から、リベラル・アーツとは異なる「教養」の本質をあぶりだす。『ペスト大流行』の著者、科学史・文明史の碩学からのメッセージ。

L769

理想の国へ
——歴史の転換期をめぐって

大澤真幸＋平野啓一郎 著

コロナ禍、ロシアのウクライナ侵攻……人類史レヴェルの危機に直面し、私たちは正念場を迎えている。今こそどんな未来を選び取るのかが問われているのだ。この歴史の転換期にあたり、天皇論や三島由紀夫論など対話を重ねてきた二人の知性が、新たな日本のアイデンティティを模索した。蔓延する「日本スゴイ」論を、鍛え抜かれた言葉と思索の力で徹底検証。国を愛するとはどういうことかをラディカルに問うた「憂国」の書。